항공기
객실구조개론
Airline Cabin Structure

Preface

초여름의 시작과 더불어 2018년 6월, 본권을 마무리 하던 중 문득 서울시 강서구의 파란 하늘을 바라보니 대한항공 CS300 비행기 한대가 멋진 비행운을 그리며 날아가고 있었다. 2년 8개월 전 저자는 분명히 기내에 책임자로 있었고 탑승한 객실승무원, 승객의 안전과 최상의 기내서비스를 제공하기 위해 40,000ft 상공에서 이리저리 객실을 순회하며 고군분투하고 있었다.

31년 9개월 비행 ······ 현재 속도의 여객기로 지구를 882바퀴 도는 시간

처음 보는 분마다 어떻게 긴 세월을 비행기와 함께 지냈냐고 매우 의아해 하지만 찰나와 같은 시간이었고 비행 중 기뻤던, 슬펐던, 어려웠던, 보람느꼈던 일이 융합되어 정말 길다고 느낀 적은 한 번도 없었다.

이제 비행의 날개를 접고 지상에서 미래의 객실승무원을 양성하고 있어 더욱 더 보람을 느끼고 있지만 국내에 최신형 항공기 기종의 객실구조 지침서가 전무하여 이 책을 집필하게 되었다. 교재를 만드는 작업이 순조롭지는 않았지만 예비항공인을 위한 정성과 헌신의 입장에서 수많은 날들을 열정으로 되새김하여 이제 지금까지 볼 수 없었던 최신 항공기 객실구조 관련 지식을 듬뿍 담은 새로운 객실구조개론이 다시 한 번 후학의 손에 넘어가는 대장정의 막을 내렸다.

본서의 특징은

- 국내 최초로 2018년 국내 하늘을 날고 있는 모든 항공사 최신형 항공기 구조를 내용에 반영하였다.
- 정확하고 풍부한 최신 사진을 통해 학생의 이해력 증진에 중점을 두었다.
- 국내에서 이제까지 전혀 볼 수 없었던 FSC/LCC 보유 항공기 전부 객실구조 전반을 체계적으로 다룬 전문 항공 객실구조 교재이다.
- 본서를 충실히 학습하면 객실승무원 자격으로 실제 기내 비행근무 현업을 정확히 수행할 수 있으며 항공사 입사 후 항공 OJT 및 기내 객실구조 이해 및 수행에 전혀 무리가 없다.

이 책은 국내 최초 모든 FSC/LCC 항공기 객실구조를 집필한 교재로 항공사 객실승무원과 항공사 지상직이라는 소중한 꿈이 가슴에서 용솟음치는 예비승무원·지상직 요원, 현직승무원 그리고 국내항공사의 객실승무원 업무에 대해 강의하고 가르치는 전국 항공 및 관광관련 학과 교수님께 큰 도움이 될 수 있기를 바라는 마음이 정말 간절하다.

끝으로 어려운 출판환경임에도 불구하고 이 책을 출판 해주신 한올출판사 대표님과 국내외 상공에서 함께 숨쉬며 고락을 함께 했던 국내 대형항공사 선후배 여러분 그리고 한국항공객실안전협회 임원진께 머리 숙여 깊은 감사의 마음을 전한다.

저자 **최 성 수**

Contents 차 례

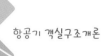

Contents

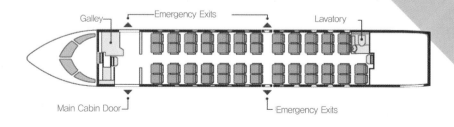

Galley

Emergency Exits

Lavatory

Main Cabin Door

Emergency Exits

Chapter

01

여객기

PAX Aircraft Cabin Structure

01. 여객기란 무엇인가?

여객기란?

여객기는 인마나 물류를 수송하기 위한 비행기로, 비행기 중 가장 역사가 오래된 것 중 하나이다. 최초의 비행기는 라이트 형제가 개발했으나, 글라이더에 가까워 현대의 여객기와는 큰 차이가 있다. 이후 민간 항공기는 여객기보다는 화물 배송(특히 우편물 배달) 분야에서 발전하다가 1930년대 말엽에 미국의 더글라스 사에서 전설의 기종인 DC-3을 런칭하면서 여객기 시장이 급속도로 팽창했다. 그리고 승객 수송을 주로 하며, 동체 하부 같은 특정 부분에 화물을 추가 적재하는 유형의 기체를 여객기, 화물 수송이나 공중강습부대, 물자 등을 투하하는 군 작전에 주로 쓰이는 기체를 수송기로 세분해서 부르기 시작하였다.

여객기의 정의는 국가에 따라 다르지만, 일반적으로 20명 이상의 승객을 태울 수 있거나 자체 중량 22,680킬로그램(50,000파운드) 이상의 비행기를 말한다.

여객기 기내시설

일반적으로 대형 제트 여객기는 날개가 아래쪽에 있고 그 밑에 엔진이 매달려 있다. 이는 엔진과 객실 사이를 멀리 하여 소음문제를 줄이기 위해서이다. 소형 여객기들은 항공기 높이가 낮다 보니 이렇게 할 경우 땅에 내려와서는 엔진을 끌고 다닐 위험이 있으므로 엔진을 동체 뒤쪽에 매달고, 엔진을 피하여 수평꼬리날개를 수직꼬리날개 위쪽에 설치한다.

둥근 동체에 평평한 바닥을 깔게 되면 필연적으로 위/아래로 공간이 구분되는데 위쪽 공간은 객실로, 아래쪽 공간은 화물칸으로 쓰인다. 승객과 화물 배치는 아무렇게나 하지 않고 반드시 무게중심을 고려하여 둔다. 그래서 여객기는 좌석이 비어도 승객을 앞에서부터 채우지 않는 것이다.

단, 중소형기의 경우 동체 지름이 너무 작아 바닥을 깔면 동체 하부에 화물칸이 남지 않는 경우가 많다. 이런 경우 동체 가운데에 벽을 치고, 뒷부분에 화물을 적재한다.

　최근 여객기의 경우 크기에 따라 와이드보디(광동체 : WIDE BODY), 내로보디(협동체 : NARROW BODY)로 구분하기도 한다. 그 기준은 대부분 화물칸 화물을 탑재할 때 ULD(탑재용기)를 이용하느냐 하지 않느냐에 따라 구분하기도 하고, 승객이 탑승하는 기내 복도가 2개냐 1개냐로 구분하기도 한다. 동체는 화물과 승객이 자리를 차지하다 보니 연료는 동체가 아니라 대부분 날개 안에 들어가 있다.

　여객기에는 일반적으로 일등석, 비즈니스석, 일반석 등 여러 종류의 좌석이 있다. 대개 비상구 열 바로 뒤쪽에 앉는 승객은 다른 좌석 승객에 비해 추가적으로 더 넓은 다리 공간을 누릴 수 있다. 반면, 비상구 열 바로 앞쪽에 앉는 승객은 보통과 마찬가지로 좁은 다리 공간에 좌석조차 뒤로 눕혀지지 않는 경우도 많다. 국내선은 일반적으로 비즈니스석과 일반석의 두 등급으로 나뉘며, 국제선은 비즈니스석/일반석 두 등급 혹은 일등석/비즈니스석/일반석 세 등급으로 나뉜다.

▲ 아시아나 여객기 A330-300 여객기 기내 모습

퇴역 후 여객기

　인간을 포함하여 모든 생물체는 나이가 들면 언젠가 "하늘나라로 별이 되어 떠나게 된다."

　동화책에 나오는 이야기이지만 엄연히 비행기나 항공기도 수명을 다하면 버려져야 한다. 원래 비행기에는 정해진 수명이라는 것은 없다. 망가질 때까지 부품을 바꾸어가며 수리에 수리를 거듭해가며 사용할 수 있고 지금까지는 그렇게 해왔지만 근래에 환경문제가 끼어들면서부터 양상이 달라지기 시작했다.

비행기의 평균수명은 일반적으로 20년 정도라고도 한다. 부품 교환이나 정비, 수리를 거듭해가면서 좀 더 장기간 사용하더라도 언젠가는 퇴역을 해야 하는데 드문 기종이나 기체라면 박물관 등에 전시되기도 하고 레스토랑 같은 곳에 전시용으로 팔려 나가기도 하지만 대부분은 리사이클링이 가능한 부품만 뜯어내고 스크랩 처분하여 버리게 된다.

▲ 모하비 사막의 비행기 묘지

02. 국내 운항되는 여객기의 종류

CRJ-200 (에어포항)

CRJ-200은 1989년 개발이 시작된 모델로서 세계 최초의 50석 규모 제트 비행기로, 캐나다 Bombardier사에서 제작되어, 좌석 수 50석이며, B737-900, A321 등 최첨단 여객기와 같이 디지털 항법장치와 기내 엔터테인먼트시스템(TV 등)을 갖춘 여객기이고 국내에서는 2015년 8월 첫 취항하는 울산을 기반으로 한 유스카이 항공이 출범하며 구매한 항공기이다.

ERJ-145 (코리아익스프레스, 에어필립)

엠브라에르 ERJ-145는 브라질의 엠브라에르에서 제작한 50인승 제트 여객기이다.

Korea Express Air(코리아 익스프레스 항공, KEA)는 브라

▲ 세계 최초의 50석 규모 제트기종 항공기 CRJ-200

질 Embraer사의 50인승 항공기 EMB-145(ERJ-145)를 도입하여 2016년 1월부터 양양~김해 노선에 투입하여 운영하고 있다.

CRJ-200과 ERJ-145는 거의 비슷한 기종이나 좌석배열에서 Bombardier CRJ-200이 2-2 배열, Embraer ERJ-145가 1-2 배열로 CRJ-200의 거주성이 조금 더 좋지만, 소음이나 진동 등에서는 ERJ가 점수를 더 얻는 걸로 평이 나있으며 CRJ-200 시리즈는 단종된 모델이나, ERJ 시리즈는 여전히 생산 중이란 것도 큰 차이점이다. 코리아익스프레스(Korea Express Air) 항공사는 2018년까지 5대 도입예정이다.

▲ ERJ-145

CS300(대한항공)

캐나다의 봄바디어(Bombardier) - 이 회사는 제주항공기 초기에 사용한 항공기종으로 비교적 잘 알려져 있는 Q400 기종과 현재 국내 에어포항 항공사가 사용하는 CRJ200 항공기를 생산하고 있어 우리에게도 그리 낯설지 않다. 뉴스에서 보았듯이 이번에 대한항공이 계약하였고 2017년부터 도입하는 항공기종이 바로 C Series로 CS300 기종이다. C 시리즈는 봄바디어가 일반 민간 항공기 시장에서 보잉이나 에어버스와 경쟁할 수 있는 기종이기에 그 성능에 있어서

▲ CS300

미래 지구촌의 관심이 집중되고 있다. 이러한 기종과 주 경쟁 기종이라고 한다
면 보잉의 B737 시리즈, 에어버스의 A320 정도를 언급할 수 있다.

▲ Boeing 737-700

Boeing 737-700(이스타항공)

사실은 B737-600형보다 먼저 개발되었다.
Next Generation의 세부 기종명은 개발순서가
아니라 동체길이에 따라 매겨졌다. 런치 커스터
머는 사우스웨스트항공. 에어버스 A320 시리즈
의 급부상을 견제하려고 기존 737 Classic을 업
그레이드한 기종이다. 국내에서는 이스타항공이
4대를 보유하고 있다.

▲ Boeing 737-800

Boeing 737-800(대한항공, 진에어,
제주항공, 이스타항공, 티웨이항공)

B737의 모든 시리즈 중에서도 압도적인 1위
이며, 아직도 생산 중이다.

2015년 3월 현재, 우리나라에서도 대한항공
이 17대, 제주항공이 18대, 진에어 12대, 티웨
이항공이 10대, 이스타항공이 6대 등 모두 60
여 대나 되는 737-800형을 보유하고 있다.

이 다수의 비행기로 단거리 국제선과 국내선
을 운항 중이다.

▲ Boeing 737-900

Boeing 737-900(대한항공)

알래스카 항공. 737-800형에서 동체 길이를

연장한 형태이다. 인기가 없어 단종된 757과 체격이 동급이고, 대한항공에서
운용 중이다.

Boeing 737-900ER(대한항공, 이스타항공)

737-900형의 항속거리 연장판
(Extended Range)으로 인도네시아의 라
이언 항공, 대한항공, 이스타항공에
서 위의 Boeing 737-900형과 함
께 운용 중이다.

▲ Boeing 737-900ER

B787-9(Dreamliner, 대한항공)

보잉 787 드림라이너(영어: Boeing 787 Dreamliner)는 보잉사의 중형 쌍발 광동체 여
객기다. 보잉 757 및 보잉 767을 대체하는 모델이다.(쌍발 광동체-엔진이 두 개 있고 복도
가 두 개 있는 중대형 비행기를 말한다)

보잉사 항공기 중 최초로 동체 대
부분에 고강도 탄소복합 재료를 사
용한 비행기이며 개발 코드는 본
래 7E7(효율성 Efficient, 경제성 Economic 친환
경 Environment)이었으나, 2005년 1월
28일 787로 변경하였다. 역사상 가
장 짧은 기간 동안 가장 많이 판매
된 광동체 항공기이기도 하다. 최대
항속거리 15,700km다. 즉, 연료가
바닥나서 추락하기까지 최장거리를
비행한다고 가정하면 서울에서 뉴
욕까지 논스톱으로 운항하고 다시

▲ B787-9

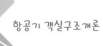

태평양의 반을 비행할 수 있는 능력이 있다고 평가되고 있다.

Boeing 777-200, 300 / Boeing 777-300ER에 대하여

보잉에서 개발한 중·장거리용 광동체 쌍발 여객기이다. B777, 트리플 세븐이라고 부른다. B737과 더불어 에어버스에게 따라잡히다 슬슬 추월당하는 분위기까지 보였던 보잉을 다시 일으켜 세운 주역이기도 하다. 그러나 B787로 침체 중으로 B737이 보잉의 중단거리 노선 수요를 맡는다면 B777은 상징성만 강한 B747을 제치고 보잉의 장거리 노선 수요를 책임지고 있다.

Boeing 747-400(대한항공, 아시아나 항공) / Boeing 747-8i(대한항공)

보잉에서 개발한 장거리용 대형 여객기. 장거리용 대형 여객기의 베스트 & 스테디셀러로 에어버스 A380과 함께 국제선 여객기의 상징 같은 존재 이외에 하늘을 나는 아기코끼리 점보에서 따온 점보라는 별명도 종종 쓰이고는 했다. 다만, 보잉은 이 점보라는 별명을 탐탁지 않게 여겼는데, 자칫 코끼리라는 이미지 때문에 사람들이 747은 느린 비행기라는 인상을 가질까봐였다고 …… 실제로 747은 등장 당시 여객기 중에는 상당히 빠른 축에 속했다. A380도 최첨단 여객기로서 충분히 훌륭하고

강력한 여객기이긴 하지만 최근 등장했던 것에 반해, 747은 1969년에 처음 초도비행을 하여 45년이 넘는 경력과 신뢰도를 가지고 있으며, 그리고 세대별에 따른 업그레이드를 통해 발전한 장수 여객기라는 점에서 또 다른 특색이 있다고 하겠다.

대한항공(003490)이 보잉의 차세대 점보 여객기 B747-8i를 국내 최초로 도입했다. 대한항공은 이번 B747-8i 도입으로 B747-8 기종의 여객기와 화물기(B747-8F)를 모두 운영하는 최초의 항공사가 됐다. B747-8i는 기존 B747-400 기종보다 길이가 5.6m 길어졌으며, 현존하는 대형 항공기 중 가장 빠른 마하 0.86의 속도를 자랑한다. 최대 14시간에 1만4815km까지 운항할 수 있다. 또 연료 효율성은 16% 높이고 이산화탄소 배출은 16% 줄였다. 대한항공은 B747-8i를 도입하면서 B747-400보다 30여 석 늘어난 368석의 좌석을 배치해 승객들에게 여유로운 공간을 제공할 계획이다. 객실 디자인도 업그레이드했다. 퍼스트클래스와 프레스티지클래스에는 각각 코스모 스위트 2.0과 프레스티지 스위트 좌석을 장착했다.

Airbus A320 계열(아시아나항공, 에어부산)

에어버스가 야심차게 내놓은 737급 협동체 여객기. 에어버스의 유일한 협동체이다. 318, 319, 320, 321의 4종이 있으며 숫자가 낮은 순서대로 동체 길이가 짧다. 항속거리가 가장 긴 모델은 A319로 중간 기착

없이 대서양 횡단 비행이 가능하며, 대한민국 기준으로는 오스트레일리아 케언스까지 갈 수 있다.

AIRBUS A330 (대한항공, 아시아나항공)

　에어버스에서 개발한 중·장거리용 광동체 쌍발 여객기. 대당 가격은 A330-200의 경우 2억 1,610만 달러. A330-300의 경우 2억 3,940만 달러이다. 준수한 외모, 잘빠진 동체 덕에 항공기 사이에서 여신이라고 불리기도 한다. 실제로도 같은 쌍발기인 777이 약간 통통하면서 남성적인 외모를 보이는 데 반해, A330은 가늘고 잘 빠진 외모를 자랑한다. 그 외에 비행기를 남성형으로 지칭하는 일부 마니아들은 미남 등으로 부르기도 했다는데, 실제로 보면 형제기이자 4발기인 A340에 비해서도 상당히 균형잡힌 몸매를 지니고 있기 때문인 듯하다.

AIRBUS A380 (대한항공, 아시아나항공)

　에어버스에서 개발한 장거리용 대형 여객기. 장거리용 대형 여객기의 젊은 황제로 보잉 747과 함께 국제선 여객기의 상징 같은 존재. 최고속도가 0.88마하, 약 1,078km/h이고 장거리 항행속도는 0.85마하, 약 1,041km/h에 달한다. 별명은 디지털 돼지 또는 비만 돌고래이다.

03. 미래의 여객기

　미래의 비행기는 크게 세 가지 방향으로 발전하고 있는 것으로 보인다.

　첫 번째는 얼마나 편하게 가느냐 하는 것이고, 두 번째는 얼마나 많은 승객을 태우고 얼마나 멀리 가느냐 하는 것이며, 세 번째는 얼마나 빠르고 조용하게 가느냐 하는 것이다. 현재까지 많은 연구가 이루어지고 있어 2026년 이후에는 상기 3가지 조건을 모두 만족시킬 수 있는 아래와 같은 여객기가 상용화될 것이다.

▲ 미래의 창문 없는 비행기

▲ 미국 마이애미 대학 항공우주센터에서
　설계한 미래의 여객기

▲ 미국 NASA에서 설계한 미래의 우주 여행
　비행기

▲ 미국 NASA에서 설계한 미래의
　비행기2

04. 국내항공사 여객기 보유기종 및 대수 (2018. 5. 30)

대한항공

★ 대한항공 : KOREAN AIR / KAL / KE

★ 보유대수 : 160대

- Airbus A380-800 : 10대 – 470석 / 총 10대 도입 완료
- Boeing 747-400 : 여객기 19대(화물기 포함)
- Boeing 747-8i : 7대
- Boeing 777 : 49대
- Airbus 300 : 29대
- Boeing 737 : 39대
- CS300 : 1대(10대까지 도입)
- B787-9 : 6대

※ 2015년 6월 대한항공은 B737 MAX, A321 NEO 각각 50대씩 총 100대 도입을 발표하였다.

티웨이항공

★ 티웨이항공 : T' WAY AIR / TWB / TW

★ 보유대수 : 19대

- Boeing 737-800 : 19대 – 189석

이스타항공

* 이스타항공 / 이스타젯 : EASTAR JET / ESR / ZE
* 보유대수 : 19대

- Boeing 737-900 : 2대
- Boeing 737-800 : 14대 – 189석
- Boeing 737-700 : 3대 – 149석

아시아나항공

ASIANA AIRLINES

* 아시아나항공 : ASIANA AIRLINES / AAR / OZ
* 보유대수 : 82대

- Airbus A380-800 : 6대 – 495석
- Boeing 747-400 : 여객기 2대 – 359석
- Boeing 777-200ER : 9대 – 246~300석
- Airbus A300-300 : 15대 – 275~290석
- Boeing 767-300 : 여객기 7대 – 250~270석
- Airbus A321 : 19대 – 171~200석 / 화물기 : 13대
- Airbus A320 : 7대 – 156~162석
- Airbus A350 : 4대 – 311석

제주항공

* 제주항공 / 제주에어 : JEJU AIR / JJA / 7C
* 보유대수 : 25대

- Boeing 737-800 : 25대 – 186~189석

진에어

* ★ 진에어 : JIN AIR / JNA / LJ
* ★ 보유대수 : 22대

- Boeing 737-800 : 18대 − 186~189석
- Boeing 777-200 : 4대

에어부산

* ★ 에어부산 : AIR BUSAN / ABL / BX
* ★ 보유대수 : 23대

- Airbus A321 : 17대 − 아시아나항공의 191석 / 195좌석 배치도로 운영
  되고 있음
- Airbus A320 : 6대 − 아시아나항공의 162석 좌석배치도로 운영되고 있음

에어서울

* ★ 에어서울 : AIR SEOUL / ASV / RS
* ★ 보유대수 : 6대

- Airbus 321 : 6대

에어포항

AIR POHANG

★ 에어포항 : AIR POHANG / KAB / AB
★ 보유대수 : 2대

- CRJ200—LR : 1대
- CRJ200—ER : 1대

코리아익스프레스(KOREA EXPRESS AIR)항공

★ 코리아익스프레스항공 : KOREA EXPRESS AIR—KEA
★ 보유대수 : 비치크래프트 2대, 엠브라에르 ERJ—145 1대,
항공기 평균기령 약 17년.

에어필립

★ 에어필립 : APV /3P
★ 보유대수 : 3대

- ERJ—145: 3대

05. 세계 항공사 항공기 보유대수 10선

세계 항공사 항공기 보유대수를 정리하면 다음과 같다.

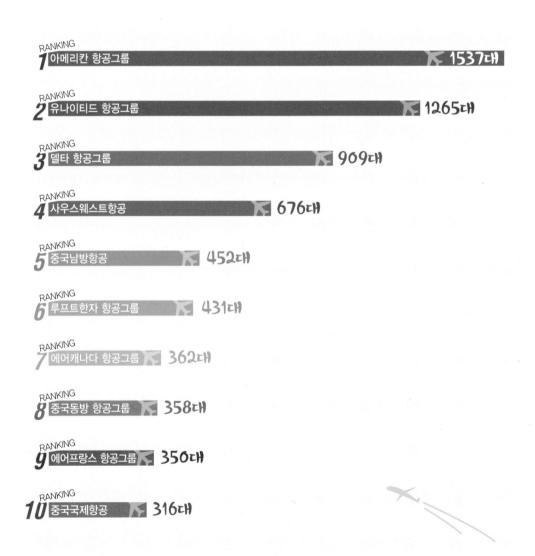

RANKING
1 아메리칸 항공그룹   1537대

RANKING
2 유나이티드 항공그룹   1265대

RANKING
3 델타 항공그룹   909대

RANKING
4 사우스웨스트항공   676대

RANKING
5 중국남방항공   452대

RANKING
6 루프트한자 항공그룹   431대

RANKING
7 에어캐나다 항공그룹   362대

RANKING
8 중국동방 항공그룹   358대

RANKING
9 에어프랑스 항공그룹   350대

RANKING
10 중국국제항공   316대

RANKING *1* ▼ 아메리칸 항공그룹 : 1,537대

RANKING *2* ▼ 유나이티드 항공그룹 : 1,265대

RANKING *3* ▼ 델타 항공그룹 : 909대

RANKING *4* ▼ 사우스웨스트항공 : 676대

RANKING *5* ▼ 중국남방항공 : 452대

RANKING *6* ▼ 루프트한자 항공그룹 : 431대

RANKING *7* ▼ 에어캐나다 항공그룹 : 362대

RANKING *8* ▼ 중국동방 항공그룹 : 358대

RANKING *9* ▼ 에어프랑스 항공그룹 : 350대

RANKING *10* ▼ 중국국제항공 : 316대

쉬어가기 항공상식

★ 항공기 표준상식

▼ 항공기 고도

에베레스트 산 높이
8.8km(29,000ft)

747 여객기 비행고도
13km(43,000ft)

▼ 항공기 무게

자동차 400대
= 400톤

747 여객기 1대
= 400톤

▼ 연료탑재량(드럼기준)

B744 : 1,086 Drums

연료는 Wing & Lower Body에 탑재

★ 여객기가 지상조업하는 방법

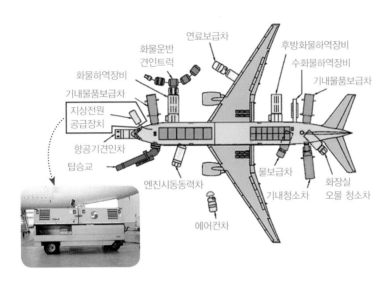

★ 아름다운 인천국제공항의 활주로

- 활주로 길이 : 3,750m, 4,003m / 도보 약 56분 / 1시간 2분 소요됨.

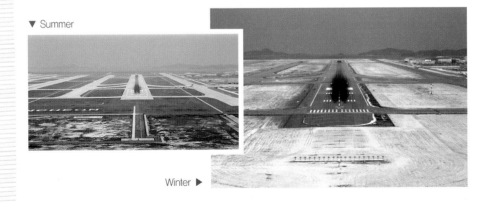

▼ Summer

Winter ▶

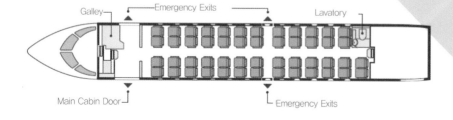

Galley

Emergency Exits

Lavatory

Main Cabin Door

Emergency Exits

chapter

02

Bombardier CRJ-200(에어포항) / Embraer-145(에어필립, 코리아익스프레스 항공)

PAX Aircraft Cabin Structure

01. Bombardier(봄바디아) CRJ-200

(보유항공사-에어포항 : 2018년 3월 첫 국내선 공항 취항)

경북 동남권 하늘 길 우리가 접수한다~!

2018년 3월 경상북도는 포항공항에서 경북지역 항공사 에어포항의 첫 취항 기념행사를 가졌다고 밝혔다. 이번에 도입한 에어포항 1호기는 봄바디어사의 CRJ-200 제트항공기로 50인승 소형 항공기이다. 에어포항 1호기는 현재 포항-김포 구간 시험비행을 완료했다. 에어포항은 지난 2017년 5월 국토교통부에 소형항공운송사업 등록을 마쳤으며 지난 6월 운항을 위해 국토교통부에 항공운항증명(AOC)신청서를 제출했고 순조롭게 등록을 마치면 2018년 3월경에 포항-김포, 포항-제주 구간을 운항할 수 있을 것으로 기대된다.

▲ 세계 최초의 50석 규모 제트기종 항공기 CRJ-200

CRJ-200

세계 최초의 50석 규모 제트기종 항공기 CRJ-200은 1989년 개발이 시작된 모델로서 세계 최초의 50석 규모 제트 비행기로, 캐나다 Bombardier(봄바디아) 사에서 제작하였고, 좌석 수 50석이며, B737-900, A321등 최첨단 여객기와 같이 디지털 항법장치와 기내 엔터테인먼트시스템(TV등)을 갖춘 여객기이다.

CRJ-200 여객기의 객실구조

CRJ-200 평면도 : Overwing Exit 포함하여 총 4개의 비상구가 설치되어 있다.

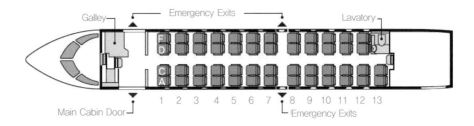

▲ 울산 에어포항 CRJ-200 좌석 배치도

CRJ-200 객실구조

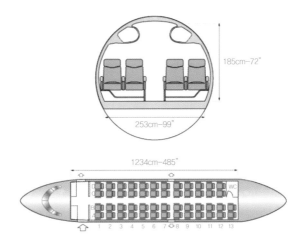

▲ 에어포항 CRJ-200 확대모습

에어포항의 구조(전면)

에어포항의 구조(후면)

에어포항의 구조 전체 모습

▲ 객실승무원 2인 탑승 시 승무원 좌석안내

▲ Jump Seat

▲ 갤리(GALLEY)

▲ 머리위 PSU(Passenger service system)

CRJ-200 DOOR

외부에서 오픈하는 모습

Door의 Fully Open 모습

탑승, 하기 시 이용하는 계단

L1 탑승구의 닫힌 모습

R1 Gallley Service Door

R1 Galley Door 확대모습

▲ Door 모습 및 외관

• Overwing Exit은 안에서는 물론 외부에서도 열 수 있는 장치로 설계되어 있다.

- CRJ-200 항공기의 Main Cabin Door의 무게는 약 260파운드로 성인이 힘들이지 않고 밀어 올릴 수 있는 무게로 되어 있다.
- CRJ-200 항공기의 Main Cabin Door의 내부에서 개방 시 소요시간은 약 8~9초 정도 소요된다.
- CRJ-200 항공기의 탈출 가능 Door로는 Main Cabin Door, Galley Service Door, Overwing Exit 2개 총 4개의 출입문으로 승객탈출이 가능하다.
- Main Cabin Door에 한꺼번에 많은 승객이 몰리면 구조물이 손상될 수 있는 경우가 발생하며 최대 5명 이상 동시에 올라서지 않도록 주의한다.
- CRJ-200 항공기 Door에는 다른 항공기와 같은 Escape Slide/Raft가 설치되지 않았으므로 비상작동 시 유념하고 승객의 탈출을 돕도록 한다.

CRJ-200 갤리구조

CRJ-200 기종에는 오직 한 개의 Galley만 앞쪽에 설치되어 있다.

갤리 하단 쓰레기통과 박스　　커피메이커(Coffee Maker)

▲ 일반적 갤리 모습

- CRJ-200은 보통 국제선 단거리나 국내선 전용을 많이 사용되고 좌석수가 50석 규모여서 대형 Galley가 필요치 않다. 따라서 갤리(GALLEY)는 앞쪽에 설치되어 있으며 객실승무원 1~2인이 기내업무를 담당한다.

CRJ-200 화장실

　CRJ-200 항공기에는 오직 뒤쪽 한 곳에만 화장실이 1곳 설치되어 있으며 기본 화장실의 원리 및 사용법은 대형 항공기와 동일하나 대형기에 장착되어 있는 장애인용 화장실과 어린아기 기저귀를 갈 수 있는 선반은 준비되어 있지 않다. 지상에서 객실승무원은 화장실의 청소 유무와 비품 그리고 적절한 방향제를 사용하여 비행 중 항상 깨끗한 화장실을 사용할 수 있도록 해야 한다.

02. Embraer(엠브라에르)-145
(보유항공사-코리아익스프레스항공, 에어필립항공)

▲ 보유항공사 : 코리아익스프레스항공, 에어필립항공, 양양-김해 취항 중

엠브라에르 ERJ-145는 브라질의 엠브라에르 항공기 제작사에서 제작한 50인승 제트 여객기이다

ERJ-145란 비행기, 아직까진 우리나라에서 생소한 기종이기도 하나 브라질 엠브라에르(EMBRAER)사가 제작한 ERJ-145 기종은 1995년 8월 생산돼 첫 비행을 한 이후 지금까지 전 세계에 900여 대 이상 판매됐다. ERJ 계열의 소형 항공기는 ERJ-135(37석), ERJ-140(44석), ERJ-145(50석) 등이 있으며 모두가 경제성과 안정성을 인정받고 있다.

특히 ERJ-145 기종은 좌석 폭이 17.3인치에 달해 국제선에서도 쾌적한 탑승감으로 호평을 받고 있으며 사실 미국에서는 국내선의 절반 이상, 특히 허브 공항에서 지역 Regional commuter로 운영하고 있고 공항 간 2~3시간 운영에 가장 많이 사용하는 기종이기도 하다.

양양공항/광주공항을 기반으로 한 국내 소형 항공사인 코리아익스프레스항공/에어필립은 각각 2016년/2018년부터 운항을 시작하고 있으며, 추후 국토교통부 각종 검증절차를 거쳐 양양/제주, 광주/나리타를 취항할 예정이다.

▲ 객실구조(좌석배열은 CRJ는 2-2배열, ERJ는 1-2배열이다) / DOOR / 갤리구조 /
화장실은 CRJ-200과 비슷하니 전편을 참조하여 학습하도록 하자.

03. CRJ-200 / ERJ-145 객실승무원 탑승근무 시 유의사항

Service 측면

- 각 기종 공통으로 화장실이 뒤쪽에 1개만 설치되어 있어 기내식사 또는 음료 서비스 후 화장실을 사용하려는 승객이 많아 객실승무원을 곤란하게 만들 수 있다. 따라서 객실브리핑 시 화장실 사용방법 우선순위에 대해 반드시 논의하고 비행할 수 있도록 해야 한다.

- CRJ-200/ERJ-145/B737/F 28 기종은 앞쪽 갤리 Coffee Maker에서 커피를 만들 때 제대로 Brewing되지 않는 경우가 발생할 수 있으며 항공기 특성상 비행시간이 최대 50분을 넘지 않아 기기가 제대로 작동하지 않을 때 기내서비스 가용시간이 부족한 경우가 발생한다. 따라서 지상에서 충분한 Air Breeding을 실시하여 커피제조 시간을 줄여야 한다.

- CRJ-200/ERJ-145 기종은 국내선 등 초단거리 비행에 집중하는 방식에 투입되는 기종으로 Galley에는 음식을 가열할 수 있는 Oven, 음료수나 기내식을 냉장하는 데 사용되는 냉장고가 설치되지 않는 점에 유의하자.

- 해당 항공기에는 엔진이 두 개 부착되어 있는데 후방 꼬리날개 좌,우에 붙어 있어 이착륙 시 또는 순항 중 뒤쪽 승객의 편안한 휴식에 지장을 주는 경우가 있다. 제일 후방석에 배정받은 승객의 좌석도 불편하거니와 소음도 발생하니 미리 유념하여 서비스할 수 있도록 하자.

- 국내선 운항할 때 음료는 Carrier Box 내 드라이아이스로 냉장되어 탑재될 예정이므로 음료가 너무 얼지 않도록 가끔씩 흔들어서 서비스하는 것이 좋다. 더운 여름 찬 음료는 시원하지만 살얼음이 얼었을 경우 승객이 인지하지 못하고 삼키다가 인후에 상처를 입을 수 있다.

- 오래전 대한항공 국내선에서 운영했던 F-28 기종이 매우 유사한 기종이니 참고로 하면 좋다.

Safety 측면

- 협동체 비행기로 CRJ-200 기종은 복도가 1개이며 좌석 배열은 2-2로 되어 있고 ERJ-145 기종은 좌석 배열이 1-2로 되어 복도가 좁아 기내 서비스 시 승객 및 승무원끼리 부딪혀 승무원과 승객에게 상해를 입힐 수 있으니 특히 뜨거운 음료를 서비스하고 있는 객실승무원이 먼저 상황 인지를 할 수 있도록 해야 한다. 또한 음료 카트를 앞뒤로 진행할 때 승객의 무릎에 상해 입히지 않도록 유의하자.

- 승객은 제일 앞쪽 문으로 탑승하고 내리며 눈, 비 그 외 기상악화 시 미끄러질 염려가 대단히 많아 주의를 요한다. 승객 하기 전 기내 방송을 통해 "발밑을 조심하고 미끄러지지 않도록 난간을 잡고 천천히 이동해 달라."는 내용의 기내방송을 실시하는 것이 승객안전을 위해 바람직하다.

- (CRJ-200)승객 탑승 하기 시 L1의 Main Cabin Door에 동시에 5명 이상의 승객이 탑승하지 않도록 적절한 분배를 해야 될 필요성이 있다. 이유는 Main Cabin Door에 너무 많은 힘을 가하면 도어의 손상이 있을 수 있다.

- 다른 소형기종과 달리 Overwing Exit이 탈출 시 손잡이를 잡아 당기면 분리형으로 되어 있다. 철저한 사용법을 익히고 승객에게 브리핑할 수 있도록 해야 한다.

- 소형기종인 관계로 비행 중 Turbulence에 상당히 민감하게 반응한다. 따라서 기체 요동 시 승객 및 승무원의 안전에 각별히 유의해야 한다.

- 기내 모든 서비스 아이템은 앞쪽 갤리(GALLEY)에 집중적으로 탑재되게 되어 있다. 이착륙 시 품목별 Latch를 재점검하여 Carrier Box, Drawer가 튀어나오는 일이 없도록 재점검해야 한다.

- 기내 화재 등 …… 비상시 사용할 수 있는 비상장비가 L1 FAP(Flight Attendent Panel) 부근에 집중 배치되어 있으니 비행 전 비상장비 점검 시 Cabin Fwd 부근을 철저히 점검해야 할 필요가 있다.

- 항공기 도어를 열 때 지상에 승객이나 지상직원이 있으면 상당히 심각한 부상을 입을 수 있다. 지상상태를 면밀하게 살핀 후 도어를 작동하도록 하며 출발 시 Door Close 시간이 급해 Main Cabin Door에 직원이 서 있는 채로 작동하면 위험하다.

쉬어가기 항공상식

★ 퍼서(Purser, 객실사무장)의 유래

객실승무원의 직급체계를 보면 일반적으로, SS(Stewardess 및 Steward), AP(Assistant Purser), PS(퍼서, Purser), SP(선임사무장, Senior Purser), CP(수석사무장, Chief Purser), VP(상무대우수석사무장, Vice president Purser)로 구분된다. 항공기와 관련한 명칭은 배로부터 따 왔다는 것은 이미 알려져 있는데 비행기를 배와 마찬가지로 Ship이라고 부르고 비행기에 탑승하는 것을 Boarding이라고 한다. 승선도 Boarding이라고 한다. Boarding은 Board(갑판)에 오른다는 뜻이다. 승선권도 탑승권도 모두 Boarding Pass라 한다. 배에서는 선실(Cabin)에서 승객에 대해 Cabin Steward가 서비스를 담당하고, 비행기에서는 Stewardess가 이를 맡고 있다.

객실승무원의 관리자급 간부인 퍼서라는 호칭도 배로부터 따온 것이다. 퍼서의 본래의 의미는 지갑(Purse) 관리 책임을 맡은 사람, 즉 재무담당을 가리키는데 객실부문의 책임자이다. 배에 있어서의 퍼서의 직무범위는 매우 광범위하다. 접객업무는 물론이거니와 승무원들에 대한 인사관리, 승객들의 우편물·통신물을 관리하고 귀중품이나 금전을 보관하는 금고지기 역할을 한다. 기항지에서 식자재나 일상용품 등을 조달하고 항행 중에는 승객들이 쾌적하게 비행을 즐길 수 있도록 도와주는 일을 맡고 있는 것들로 회사 조직으로 치자면 총무·재무담당 임원 정도라 할 수 있다. 기항지에서는 여객 대신에 입국수속을 해주기도 하고 그 항구의 입국심사관과 절충을 하기도 하여 승객이 편안하게 입국할 수 있도록 도와주는 임무를 맡고 있다.

선박회사에 따라 호칭은 다르지만 치프 퍼서(Chief Purser), 퍼스트 퍼서(First Purser), 세컨드 퍼서(Second Purser), 어시스턴트 퍼서(Assistant Purser), 크루 오피서(Crew Diiicer), 스튜어드(Steward) 등의 직종으로 나누어져 있다. 항공사의 퍼서는 배의 퍼서만큼 복잡하지는 않지만 대략 비슷한 역할을 하고 있다. 기내판매 등, Purse(지갑)의 관리도 하고 있다. 그 옛날의 금고지기 오늘날의 국내 여러 항공사 퍼서들에게 건배!

Galley — ⎡—Emergency Exits—⎤ Lavatory

Main Cabin Door ⎦ ⎣— Emergency Exits

Chapter

63

CS 300
(대한항공)

엠브라에르는 우리에게는 잘 알려져 있지는 않지만, 민간 항공기 시장에서는 나름 강자로 꼽히고 있고 국내 "코리아익스프레스" 항공사가 사용하는 항공기를 제작한 항공기 제작사로 알려져 있으며 엠브라에르보다 조금 더 친숙한 항공기 제작사라면 캐나다의 봄바디어(Bombardier)가 있다. 이 회사는 제주항공기 초기에 사용한 항공기종으로 비교적 잘 알려져 있는 Q400 기종과 현재는 취항을 포기했지만, 에어포항항공사가 사용하는 CRJ200 항공기를 생산하고 있어 우리에게도 그리 낯설지 않다.

Bombardier CS300
short haul airliner

wingspan:	35.1 m	(115.1 ft)
length:	38.0 m	(124.6 ft)
height:	11.5 m	(37.7 ft)
range:	4,100 km	(2,200 nm)
speed:	870 km/h	(470 kt)
ceiling:	12,500 m	(41,000 ft)
maximum takeoff weight:	59,600 kg	(131,100 lb)
unit cost (2011):	$45 - $50 M	
passenger load:	120 (2 class)	150 (1 class)

CS300 기종은 길이 38.0m, 높이 11.5m, 너비 35.1m, 동체 폭 3.7m의 제원을 지녔다. 순항속도는 829km/h, 최대운항거리는 130석 기준 5,463km 수준으로 단거리를 탄력적으로 운항하는 데 적합하도록 설계됐다.

또한 CS300 기종은 단일통로(single-aisle) 시장을 겨냥해 130~150석 규모로 설계된 항공기이며 좌석은 비즈니스석의 경우 2-2, 이코노미석의 경우 2-3 형태로 배정되고 대당 가격은 6,500만 달러(약 660억원) 수준이다. 비록 B737, A320보다는 약간 공급석이 적고, 운항거리도 4,000~5,000킬로미터 정도로 B737, A320의 5,000~6,000킬로미터에는 다소 못미치는 기종이긴 하지만 비행 운항속도 측면에서는 이들과 거의 비슷한 마하 0.78~0.82 정도의 성능을 보여주고 있다. 게다가 연료효율이 좋고 소음과 지구촌의 관심사인 이산화탄소 배출을 줄인 차세대 친환경 항공기 중 하나로 꼽힌다.

재미있는 것은 B737, A320보다는 다소 작은 크기이다 보니, 기내 배열 좌석도 사뭇 다른 모습을 보여준다. B737이나 A320 기종은 대개 좌우 3개씩 한 열에 6석의 좌석 배열이지만, CS300 기종은 좌우가 2석, 3석으로 한 열에 5석 좌석 배열이다. 비즈니스 클래스를 운영한다면 120석 정도, 아니면 국내선에서 최대 승객을 많이 운송하기 위해 모든 클래스를 일반석으로 개조한다면 145석 정도 될 것으로 보인다.

이번 CS300 기종 구입에도 대한항공은 과감한 모습을 보여주었다. CS300 항공기는 2015년에 상용화되었고, 보잉사, 에어버스사 항공기가 아닌 생소한 캐나다 항공기 모델을 과감하게 선택한 셈이다. 항공업계에 따르면 대한항공은 2017년부터 2018년까지 CS300 기종 10대를 순차적으로 도입할 예정이다. 사측은 확정구매분 10대 외에 옵션 10대와 구매권행사 10대 등 향후 20대를 추가해 CS300 기종을 30대까지 도입 예정이다.

어쨌든 아시아권에서는 처음으로 도입되는 항공기종이고 국내 및 단거리 하늘을 단시간 내 접수하리라 조심스럽게 예측해 본다.

학계 측에서도 그동안 우리에게 익숙했던 B737, A320 기종 외에 다른 기종도 접할 수 있게 되었다는 점에서 국내 항공업계 측면에서는 매우 흥미로운 일이 아닐 수 없다.

CS300 External Dimensions

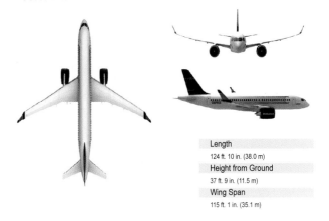

Length
124 ft. 10 in. (38.0 m)
Height from Ground
37 ft. 9 in. (11.5 m)
Wing Span
115 ft. 1 in. (35.1 m)

객실승무원이 알아야
될 CS 300 기종
상세정보(KE 기준)

제작사	캐나다 봄바디아 항공기 제작사
운항사	대한항공(Korean air)
취항노선	중국, 일본 등 단거리 노선
항공기 길이	38.7m
항공기 높이	11.5m
항공기 폭	35.1m
최대항속거리	6,112km
순항속도	850km/h
좌석수	127석(PY25/ Y102) PY: 프리미엄 이코노미 클래스
최소탑승승무원	4명
Door	총 4개 (Single lane escape slide type)
Overwing exit	총 2개 (Single lane escape slide 장착)
Escape slide 장착	거트바(Girt bar) 타입
휴대폰 좌석 충전기	있음(In seat power system)
개인용 모니터	없음
PA우선순위	조종실 ▶ L1 Door ▶ L2 Door
감압	객실고도 14,500에 다다르면 산소마스크 떨어짐
기내조명	구역별 조절불가
기내온도	구역별 조절가능
승객용 산소마스크	머리위 천장에서 떨어짐/ 화학반응식−13분간 산소공급

BUSINESS CLASS

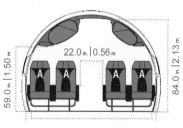

ECONOMY CLASS

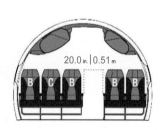

01. CS300 기종 객실구조

CMS (Cabin Management System)

항공기 객실 내 온도조절, 조명조절, BGM, 독서등, PAX CALL, DOOR 상태표시, CABIN READY 기능을 수행하며 점프시트 상단에 설치되어 있다.

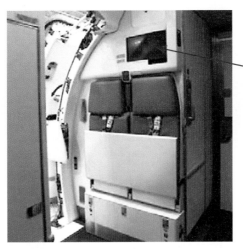

─ CS300 기종 CMS

CMS에 표시되는 객실 내 CALL의 색깔

CMS에 표시되는 각종 Call의 색을 종합적으로 정리해 보면 아래와 같다.

● 노란색 : 화장실 호출
● 파란색 : 승객호출
● 고동색 : 화장실 연기감지
● 초록색 : 기내방송
● 빨간색: 비상신호

Color	Description
	Lavatory call
	Passenger call
	(Steady) – Lavatory smoke detector fault
	(Flashing) – Lavatory smoke detector activation
	Passenger Address (PA)
	(Steady) Crew call – Normal
	(Flashing) Crew call – Emergency

CABIN ADVISORY LIGHTS

PSU (Passenger Service Unit) 명칭

❶ Attendant Call Light
❷ Oxygen Panel
❸ Ordinance Sign Panel
❹ Reading Light On/Off
❺ Reading Light
❻ Fresh Air Vent
❼ Speaker
❽ Overhead Video Display (OVD)

PSU (Passenger Service Unit)

　승객의 머리위에 장착되어 있는 편의시설이며 독서등, 에어컨, 스피커, 비디오, 산소마스크, 승무원호출버튼, No Smoking과 Fasten Seatbelt 사인으로 구성되어 있다.

02. CS 300 기종 DOOR

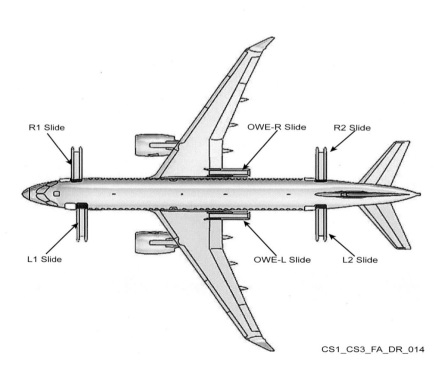

R1 Slide
OWE-R Slide
R2 Slide
L1 Slide
OWE-L Slide
L2 Slide

CS1_CS3_FA_DR_014

L1, L2, R1, R2 총 4개의 도어가 항공기에 장착되어 있으며 모두 Single Lane Slide가 장착되어 있다. Overwing Window Exit은 왼편, 오른편 각각 1개씩 장착되고 역시 Single Lane Slide가 장착되어 있다. 따라서 CS300 기종에는 주 탈출구 4개, 부 탈출구 2개 등 모두 6개의 탈출구가 장착되어 있다. 도어의 자세한 명칭은 다음과 같다.

CS300 도어 명칭 및 기능설명

CS300 도어 명칭 및 기능설명

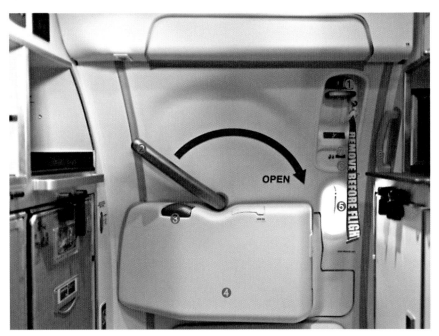

❶ Door Mode Select Panel-Escape Device를 정상에서 팽창위치, 또는 팽창위치에서 정상위치로 변경할 때 사용한다.

❷ Door Operation Handle-도어를 열고 닫을 때 사용한다.

❸ Gust Lock Release Lever-열린 도어를 닫을 경우 도어잠김을 해제해야 하는데 이 경우 사용한다.

❹ Slide Bustle-Escape Slide가 담겨져 있다.

❺ Viewing window-항공기 외부상황을 확인할 때 사용한다

❻ Warning Flag-대한항공 도입항공기에는 없는 사양이다.

❼ Door Locking Indicator-도어의 닫힘상태를 알려준다.

　- 열림 : 빨간색　　　- 닫힘 : 녹색

❽ Door Assist handle-도어를 열고 닫을 때 추락방지 위해 잡는 손잡이이다.

Ⓐ SLIDE ARM/DISARM LEVER   Ⓑ DOOR LOCK INDICATOR   Ⓒ GIRT BAR (SLIDE) STATUS INDICATOR

정상 시 도어 개방 방법

① "Fasten Seatbelt Sign"이 꺼진 것을 확인한다.
② Door Mode가 정상위치(Girt bar indicator가 Disarmed, 초록색)인 것을 확인한다.
③ Door Assist handle을 잡고 Door Operation Handle을 "open" 쪽으로 돌린다.
④ Door가 동체에 Gust Lock될 때까지(찰깍 하는 소리가 남) 힘껏 바깥쪽으로 민다.

정상 시 도어 닫는 방법

① Assist Handle을 잡고 도어 가운데 Gust Lock Release Handle을 당겨 Gust Lock을 해제한다.
② Gust Lock Release Handle을 잡고 도어를 항공기 내부쪽으로 당긴다.
③ Door가 거의 닫히면 Door Operation Handle을 열림의 반대방향으로 돌려 도어를 닫는다.
④ Door Locking Indicator가 "Green, Locked" 상태인지 확인한다.

비상 시 도어 개방 방법

① 외부상황 파악 및 Door Arming Lever가 Armed 상태인지 확인한다.
② Door Assist Handle을 잡고 Door Operation Handle을 열림 방향으로 힘껏 돌린다.
③ 도어는 자동으로 열리며 Escape Slide도 자동으로 팽창한다.

④ 만일 Escape Slide가 자동으로 팽창하지 않으면 도어 우측 하단에 붙어 있는 Manual Inflation Handle을 세게 잡아당긴다.

⑤ 객실승무원은 Escape Slide의 사용 가능 여부를 확인한 후 승객을 탈출시킨다.

Escape Slide 팽창형식

CS300 항공기의 Escape Slide 팽창형식은 B737 항공기는 객실승무원이 직접 손으로 거트바를 올리고 내리면서 도어 슬라이드 모드를 정상위치,팽창위치로 조정하나 CS300 기종은 도어에 장착되어 있는 Door Arming Lever를 Armed 위치로 놓았을 때 Slide Bustle 하단의 거트바(Girt Bar)가 아래로 내려가면서 도어바닥 Girt Bar Fittings에 걸리게 된다. Girt Bar는 Escape Slide와 연결되어 있기 때문에 이 상태에서 문을 열면 Escape Slide가 Slide Bustle에서 빠져나오고 그 무게로 인해 아래로 떨어지며 내부 가스 압력에 의해 Escape Slide가 팽창하게 되는 것이다.

도어 하단의 거트바 고정장치 : 팽창위치로 놓으면 거트바가 이곳에 걸리게 된다.

❶ ❷ Girt Bar Fittings
❸ B737 기종 Girt Bar Fitting
❹ B737 기종 Girt Bar

Overwing Window Exit 사용방법

▲ Remove internal cover   ▲ Pull handle   ▲ Overwing emergency exit swing open

❶ Viewing Window ❷ Removable Cover ❸ Exit Handle ❹ Life Line Stowage
❺ Manual Inflation Handle ❻ Overwing Exit Actuator ❼ Hinge

Overwing Window Exit 사용방법

① 작동커버를 벗겨내고 핸들을 아래쪽으로 힘차게 잡아 당긴다.

② Overwing Window Exit이 자동으로 열리며 동체에서 나오는 Escape Slide도 자동으로 팽창한다.

③ Escape Slide가 자동으로 팽창하지 않을 경우에는 도어 상단에 장착되어 있는 Manual Inflation Handle을 세게 잡아 당긴다.

④ 객실승무원은 Overwing Window Exit의 Escape Slide의 사용 가능 여부를 확인한 후 승객을 탈출시킨다.

Overwing Window Exit

Overwing Window Exit의 Escape Slide는 항상 팽창위치로 세팅되어 있으며 객실승무원이 정상/팽창위치로 조작할 수 없고 정비사에 의해서 조작할 수 있다. 만일 외부에서 Overwing Window Exit을 개방할 경우 슬라이드는 팽창하지 않는다.

03. CS300 핸드셋(Handset-Interphone)

CS300 기종의 핸드셋(인터폰)은 객실승무원 간, 객실승무원와 운항승무원 간, 기내방송 시, 비상신호 발신에 사용되며 최신형 LCD 화면으로 표시되고 부드러운 터치감으로 유명하다.

핸드셋의 사용방법은 타 기종과 동일하게 내부의 다이얼과 메뉴버튼을 눌러 사용한다.

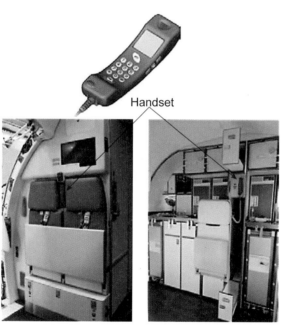

Handset

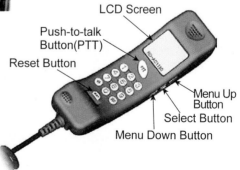

LCD Screen

Push-to-talk
Button(PTT)

Reset Button

Menu Up
Button

Select Button

Menu Down Button

코드	착신지
1*PA	기내방송 시 사용한다.
21	조종실과 통화 시 사용한다.
22	앞쪽 승무원과 통화 시 사용한다.
23	뒤쪽 승무원과 통화 시 사용한다.
24	뒤쪽 오른편 승무원과 통화 시 사용한다.
2*	운항승무원 포함 모든 승무원과 통화 시 사용한다.
2#	모든 객실승무원과 통화 시 사용한다.
29	비상신호

CS300 핸드셋

04. CS300 갤리(Galley)

CS300 기종에는 B737 기종과 동일하게 앞쪽(FWD)과 뒤편에 각각 1개씩의 갤리가 장착되어 있다. 아래의 사진에는 Galley1, Galley2, Galley3, Galley4로 되어 있어서 자그마한 비행기에 갤리가 4개 설치되어 있는 것으로 착각할 수 있으나 실제 B737 기종과 동일하게 2개로 생각하면 된다. 또한 갤리 시설도 타 기종에 비해 특이한 점은 후방 갤리 내 전향식 점프시트가 장착되어 있어서 이·착륙 시 후방근무 승무원이 사용하는 점이다.

CS300 기종 갤리 장착 현황

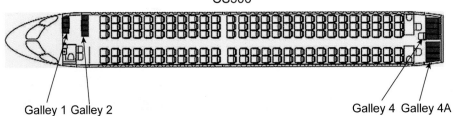

CS300

Galley 1 Galley 2　　　Galley 4　Galley 4A

앞갤리(FWD GALLEY)와 뒤갤리(AFT GALLEY) 전경

▲ 앞쪽 갤리

❶ 후방 갤리에 설치되어
  있는 객실승무원용 점
  프시트
❷ Gallery Contract
  Pannel
❸ R1 Door

▲ 뒤쪽 갤리

▲ FWD GALLEY

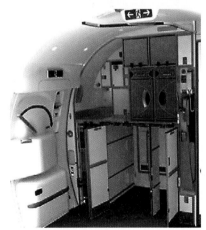

▲ AFT GALLEY

05. CS300 화장실

해당 항공기에는 앞쪽에 1개 , 뒤쪽에 1개 총 2개의 화장실이 설치되어 있다. 화장실의 구조는 다른 항공기와 특별한 차이점은 없으나 비록 소형 항공기이지만 온보드 휠체어(On Board Wheelchair)를 이용하면서 사용할 수 있도록 넉넉한 공간이 특이하다. 또한 각각의 화장실에는 연기감지기(Somke Detector), 소화기(Fixed Fire Extinguisher), 산소공급장치(Fixed Oxygen)가 설치되어 있다.

CS300 화장실

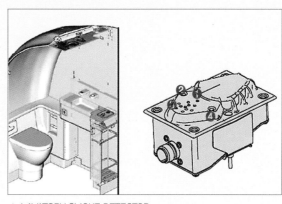

▲ LAVATORY SMOKE DETECTOR

❶ Status Indicator(green-정상작동여부표시)
❷ Horn Cancel Switch (화재경보 취소용)
❸ Buzzer(화재경보 발생기)
❹ Self-Test Switch (작동 시운전 스위치)
❺ Nozzle End Caps (하단 오른쪽 소화기는 화장실 휴지통 내부에 설치되며 휴지통내 온도가 상승하면 자동으로 분사된다)

(빨간색 표식이 연기감지기와 소화기가 장착되어 있는 위치임)

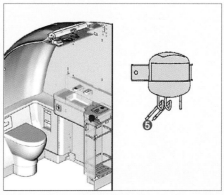

▲ LAVATORY FIRE EXTINGUISHER

06. CS300 객실승무원 탑승근무 시 유의사항

서비스 측면

- 소형 항공기 특성상 복도가 비교적 좁아 기내 서비스 시 승객에게 음료나 뜨거운 물을 쏟지 않도록 주의해야 한다.

- 승객이 만석일 경우 화장실 사용이 어려울 수도 있다. 비행 중 줄이 길어질 수 있으니 객실브리핑 시 화장실 이용승객을 앞, 뒤 화장실로 분산하는 요령이 필요하다.

- 좌석배열이 2/3열로 배치되었을 경우 오른편 가운데 손님을 기내서비스 시 Skip할 수 있는 상황이 되곤 한다. 꼼꼼하게 한 분 한 분 서비스할 수 있도록 점검하는 자세가 필요하다.

Flight Safety 측면

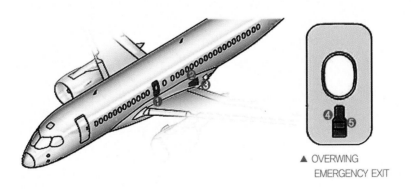

▲ OVERWING
EMERGENCY EXIT

❶ Overwing Window Exit
❷ Evacuation Slide
❸ Overwing Window Exit을 개방하면 Escape Slide가 이곳에서 팽창하여 나오게 된다. 즉, 슬라이드가 도어에 붙어있는 타입이 아니라 동체에서 나오게 된다는 것이다. B777-300 시리즈 NO3 도어 슬라이드와 동일하다.
❹ External Handle
❺ 항공기 외부에서 바라본 Overwing Window Exit이다. 외부에서 열 수 있는 장치가 도어 하단에 달려 있다. 외부에서 개방할 때는 Escape Slide가 팽창하지 않도록 설계되어 있다.

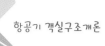

Flight Safety 측면

- 항공기 뒤편 근무 객실승무원은 이착륙 시 갤리 중앙에 설치되어 있는 점프 시트에 항공기 앞쪽을 바라보고 착석해야 하므로 접어져서 보관되어 있는 점 프시트의 개방절차에 대해 비행 전 반드시 숙지해야 한다.

- 항공기 내 모든 Escape Slide는 Single Lane Type이고 Overwing Window Exit에도 Single Lane Escape Slide가 장착되어 있다. 비상탈출 시 정확한 사용법을 사전에 숙지하고 있어야 한다.

- Overwing Window Exit은 객실승무원이 슬라이드 모드를 사용하여 팽창, 정상위치로 변경하는 것이 아니라 항상 팽창위치로 되어 있고 내부에서 문을 열면 바로 항공기 동체 외부에 장착된 Single Lane Escape Slide가 팽창하게 된다. 만일 외부에서 구조의 목적으로 문을 열 때에는 팽창되지 않도록 되어 있다.

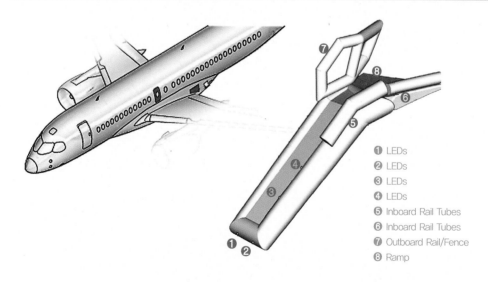

Overwing Window Exit Door Escape Slide 펼쳐진 모습

❶ LEDs
❷ LEDs
❸ LEDs
❹ LEDs
❺ Inboard Rail Tubes
❻ Inboard Rail Tubes
❼ Outboard Rail/Fence
❽ Ramp

Galley

Emergency Exits

Lavatory

Main Cabin Door

Emergency Exits

Chapter 64

B737-700/800 /900/900ER

B737-700 : 이스타항공
B737-800 : 대한항공, 진에어, 제주항공,
         이스타항공, 티웨이항공
B737-900 : 대한항공
B737-900ER : 이스타항공

01. 항공기 특징과 제원

이스타항공 B737-700 항공기

B737-700은 최대판매를 자랑하는 베스트셀러 모델이다. B737 NG^(Next Generation) 시리즈로 B737-500을 베이스로 제작되었다. B737-600 시리즈는 B737-50과 마찬가지로 가장 작은 기종으로서 아날로그를 마감하고 디지털로 이어가는 첨단기종으로 차세대항공기^(NG, Next Generation)라는 별명을 갖고 있으며, 안전성 높은 첨단 전자장비 장착과 기체를 탑재해 안정성면에서 상당히 인정을 받고 있다.

B737-700 시리즈는 날개쪽 비상구가 L/R SIDE 각각 1개이다.

▲ 이스타항공 737-700 항공기 내부

B737-700 제원

- 제작사 : BOEING company, U.S.A
- 엔진모델/제작사 : CFM56-7B20 / CFM international
- 엔진추력 : 20,600pound
- 전장 : 33.6meters
- 연료탑재량 : 26,020liters
- 경제운용속도 : Mach 0.78
- 승객좌석수 : 149석
- 객실승무원 : 3명
- 최대운항고도 : 41,000ft$^{(12,497meters)}$
- 전폭 : 34.3meters
- 전고 : 12.6meters
- 최대운용속도 : Mach 0.82
- 최대항속거리 : 5,500km
- 조종사 : 2명
- 연료 : Jet A-1
- 첫 상업서비스 : 1997년 12월

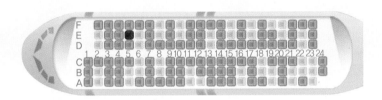

▲ 이스타항공 B737-700 좌석배치도

대한항공 / 진에어 / 제주항공 / 이스타항공 / 티웨이항공 / B737-800

B737-800은 700 시리즈에 비해 동체가 길고 날개 위 비상구가 L/R SIDE 2개씩 설치되어 있다.

B737-800 제원

- 제작사 : BOEING company, U.S.A
- 평균 좌석간격 : 32인치
- 전체 길이 : 39.50m
- 최대이륙중량 : 79.015kg
- 평균주행속도 : 850km/h
- 좌석수 : 186석 또는 189석
- 날개 폭 : 35.79m
- 꼬리날개 높이 : 12.50m
- 항속거리 : 5.130km
- 엔진 : CFM56-7B26×2

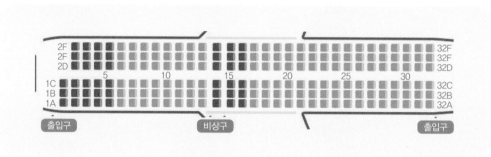

▲ B737-800 좌석배치도(KE)

▲ 제주항공 B737-800 객실 모습

대한항공 B737-900 / 이스타항공 B737-900ER

B737-900은 800 시리즈에 비해 동체가 약간 길며 기타 기내시설은 거의
동일하다.

B737-900 제원

- 승객 : 180~200석
- 동체길이 : 42.1m
- 높이 : 12.5m
- 날개길이 : 117.5 ft$^{(35.7m)}$
- 최대연료적재 : 7,837 US gal$^{(29,660L)}$
- 순항속도 : 마하 0.78$^{(828km)}$

- 엔진 : CFM 56-7
- 폭 : 34.4m
- 최대이륙중량 : 187,700 lb$^{(130kg)}$
- 화물 : 1,852 cu ft$^{(52.5cu m)}$
- 순항고도 : 41,000 ft$^{(12,500m)}$
- 항속거리 : 5,925km

이스타항공에서는 보잉737-900ER 항공기를 새로 구입하였다. 이 비행기는 기존의 대한항공 B737-900 항공기와 비상구 타입이 다르게 설계되었다. 기존의 B737 기종은 비상구가 앞뒤 주출입구 4개, 날개 위 비상구 4개였으나 190석 이상 장착되는 B737-900ER 기종은 추가 비상구 설치 권고에 따라 주출입구가 2개 추가되어 주출입구 6개(NO1,2,3), 날개 위 비상구 4개인 것이 특징이다.

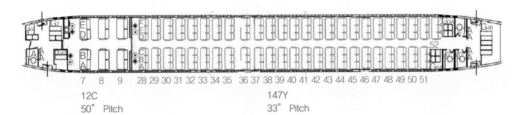

```
7  8  9  28 29 30 31 32 33 34 35  36 37 38 39 40 41 42 43 44 45 46 47 48 49 50 51
12C                               147Y
50" Pitch                         33" Pitch
```

▲ B737-900 좌석배치도(KE)

▲ 대한항공 B737-900 객실 모습

이스타항공 B737-900ER 추가로 설치된 DOOR

▲ 내부에서 본 NO3 도어

▲ 도어 열린 모습

▲ 도어 핸들(닫김)

▲ 도어 핸들(열림)

※ B737-900ER 항공기 NO3 DOOR에는 Escape Slide가 설치되어 있어 도어를 열면 바로 팽창된다.(No 3 Door는 Over-wing Exit 과 제일 뒤편 Door 사이에 설치되어있다)

02. 객실 구조

▲ 최신형으로 설비된 B737-800

◀ 대한항공 B737-800 전체조경

※ B737-800/900 기종은 항공기 앞뒤로 GALLEY, 화장실이 설치되어 있으며 OVERWING EXIT를 포함해 총 8개의 비상탈출구가 장착되어 있으나, 이스타항공 보유 900ER인 경우 2130이 장착되어 있고 OVERWING EXIT을 포함하여 총 10개의 비상탈출구가 장착되어 있다.

B737-700/800/900 항공기의 차이점

- B737-700 : 이스타항공 주력기 날개 위 비상구가 L/R SIDE 각각 1개씩만 설치되어 있다.
- B737-800 : 날개 위 비상구가 각각 2개씩 설치되어 있고, 동체가 700 시리즈 보다 약간 길다.
- B737-900 : 날개 위 비상구가 각각 2개씩 설치되어 있고, 동체가 800 시리즈 보다 약간 길다.
- B737 NG와 클래식의 가장 큰 차이점은 아날로그와 디지털로 특징지어지는 기술적 차별성이다. 클래식에 비해 NG는 조종사가 고개를 들지 않고도 모든 상황을 확인할 수 있는 헤드업 디스플레이(HUD, Head-up Display) 장치, LCD 조종석 계기판, 공중충돌방지장치, 돌풍감지레이더 등 향상된 첨단 전자장비가

장착되어 클래식에 비해 안전성이 대폭 향상되었다.

또한 B737 NG의 엔진은 친환경 엔진으로 클래식과 비교해 탄소배출 및 소음이 감소했고 운항 성능 또한 대폭 향상돼 B737 NG는 클래식보다 시간당 50km 더 빠른 속도로 목적지까지 이동할 수 있다.

B737 NG(B737-600기종 이상을 NG: Next Generation) 기내시설

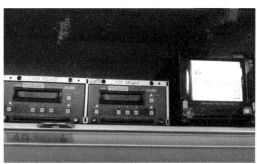

▲ 기내청소 위한 전기공급장치
주로 기내 청소용으로 사용한다.

▲ 기내 엔터테인먼트 조절장치
항공기 뒤편 헤드빈(Head Bin)에 설치되어 있다.

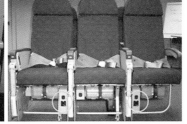

▲ 좌석에 설치된 전기공급장치(INSEAT POWER SYSTEM-ISPS)
비행 중 승객이 가지고 있는 전자기기에 전원을 공급하기 위해 승객 좌석에 장착된 전원공급장치를 말한다.
상위 클래스에는 전 좌석에 장착되어 있으며 일반석은 좌석열단위에 1개 정도 장착되어 있다.

▲ 기내 SEATBELT SIGN

▲ 기내 조명조절장치

▲ OVERHEAD

▲ OVERHEAD PSU
(Passenger Service Unit) 확대사진

각종 CALL LIGHT 위치 및 점등된 모습과 설명

▲ Passenger Call NO **1**

▲ Master Call Display에 NO **2**
나타난 PAX 콜 신호

▲ 화장실 콜　　NO **3**

▲ 탈출유도등　　NO **4**
(Emergency Light)

▲ Fasten Seatbelt Sign NO **5**

▲ Galley 내 Belt Sign NO **6**

▲ 화장실 내 Belt Sign NO **7**

▲ 화장실 내 승객 NO **8**
호출버튼

NO ❶ Passenger Call은 승객이 누르면 승객의 머리 위에는 주황색이 점등되고

승무원 스테이션은 파란색으로 점등된다.

NO ❷ Crew Station에 PAX Call 점등된 모습(파란색으로 점등된다)

NO ❸ 화장실 Call Light 점등된 모습(화장실 콜은 호박색등이 점등된다)

NO ❹ B737 비상탈출용 좌석옆 하단에 설치되어 있는 Emergency Light 점등된 모습

※ EMERGENCY LIGHT는 좌석옆 하단에 점등되며 조절 스위치는 L2 스테이션에 비치되어 있다.
비상사태 발생 시 객실은 전기가 공급되지 않아 매우 어두운 상태가 예상되므로 승객은 무의식
적으로 불빛을 따라 이동하게 된다.

NO ❺ B737 좌석벨트사인 점등된 모습

NO ❻ 갤리 내 Fasten Seat Sign 점등 모습. 객실승무원을 위한 Fasten Seat Sign이
므로 Fasten Seat Sign이 점등되면 모든 객실승무원들은 객실로 나가서 승객
의 좌석벨트를 확인해야 한다.

만일 Fasten Seat Sign이 2회 점등되면 객실승무원도 기내서비스 업무를 즉시
중단하고 Jump Seat이나 가까운 좌석에 착석하고 좌석벨트를 착용해야 한다.

난기류 통과 후 Fasten Seat Sign이 꺼지면 다시 객실 본연의 업무로 복귀하면 된다.

NO ❼ 기내 화장실에도 Fasten Seat Sign이 점등된다. 이때 안전상 화장실 사용을 금하므로 유의한다.

NO ❽ 승객이 화장실에서 승무원의 도움을 필요로 할 때 누르는 Call Button이다.

기내
표준신호(KE)

유형	색	상황
Passenger Call	Blue	승객이 승무원을 호출함
Attendant Call	Red Green(A3880 Only)	승무원이 승무원을 호출함
Lavatory Call	Amber	화장실 내 승객이 승무원을 호출함

B737 NG 기내 방송장치–PRE RECODING EQUIPMENT

PRE RECODING EQUIPMENT란 객실의 기내 안내방송 중 제2 또는 제3 외국어(중국어, 러시아어, 몽골어, 이탈리아어, 독일어 등)를 사전에 녹음하여 기기 내 저장해 두었다가 한국어/영어방송에 이어 틀어주는 객실 내 자동안내방송장치이다. 항공기 마다 설치되어 있고 장치가 없는 기종은 카세트테이프(Cassette Tape)를 이용하여 틀어주기도 한다.

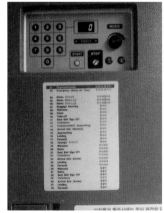
▲ B737 기내 사전 녹음된 방송장치

▲ BOARDING MUSIC 장치

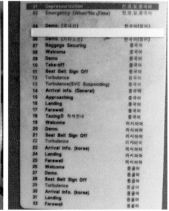
▲ 기내 방송장치 목록–PRE RECODING ANNOUNCEMENT LIST

- 기기작동은 반드시 기내 책임 있는 승무원이 실시한다.
- PRE RECODING ANNOUNCEMENT의 START Button을 누른 후 반드시 주의깊게 청취하고 목적과 다른 방송이 실시될 경우 즉시 수정한다.
- 담당 승무원은 목적에 맞는 방송이 실시되는지 여부를 기기 앞에서 대기하며 청취한다.
- 중국/일본/러시아/몽고 등 해당 국적의 현지승무원이 탑승하면 현지승무원의 육성 방송이 우선되나, 현지승무원이 탑승하지 않았을 때 사용한다.
  (해당 기기는 반드시 사전점검을 하여 필요 시 적절하게 사용할 수 있도록 한다)
- B737 NG 기종의 PRE ANNOUNCEMENT SYSTEM은 작동반응시간이 길어 충분한 시간적 여유를 가지고 준비해야 기다림 없이 필요 즉시 사용할 수 있다.

B737 육성 방송장치–INTERPHONE 및 표준신호

기내에서 객실승무원 상호 간에 의사소통을 가능하게 해주는 시스템이며 인터폰 실시를 위한 HAND SET 설비는 조종실 및 객실의 각 STATION PANEL 에 있다.

❶ 상대방의 음성을 듣는 수화기
❷ 숫자버튼
❸ 송화기

❹ PTT버튼 : Push To Talk, 누르고 통화나 방송을 실시한다.

B737 기종의 인터폰 사용은 다음과 같다.

- **기내방송 시** : 8번을 누른다(사진에는 너무 많이 사용하여 8번이 지워짐).
- **조종실호출** : 2번을 누른 후 PTT 버튼을 누르고 이야기한다.
- **승무원호출** : 5번을 누른 후 PTT 버튼을 누르고 이야기한다.
- **비상신호** : 2/2/2를 누른다(2번 3회)
- **긴급신호** : 2/2를 누른다(2번 2회)
- **사용 후** : Reset 버튼을 누른다.
- 항공기 비상사태 발생시 B737 기종은 Evacuation Hone이 없으므로 조종실에서 인터폰을 사용하여 탈출지시를 한다.

B737 비상신호	B737 긴급신호	
2.2.2 (2버튼을 3회 누른다)	2.2 (2버튼을 2회 누른다)	기종별 긴급신호

비상신호(Emergency sign)와 긴급신호(Urgent sign)의 차이

- **비상신호** : 항공기 순항중 객실 내 테러, 기내난동, 응급환자 발생 시 운항승무원을 포함한 전 객실승무원에게 비상사태를 알리기 위한 신호
- **긴급신호** : 항공기 고도가 10,000ft 이하 비행 시 객실승무원이 항공기의 이상이나 객실안전에 문제가 있을 때 운항승무원에게 긴급히 알리기 위한 신호

긴급신호 : 2번 버튼을 2회 누른다.

비상신호 : 2번 버튼을 3회 누른다.

03. 객실 DOOR 구조 및 작동법

Door 기본 모습

▲ B737 Door 닫힌 모습

▲ B737 Door 열린 모습

▲ B737 DOOR 외부에서 여는 모습

▲ B737 DOOR 내부에서 닫는 모습

▲ B-737 DOOR LATCH

※ DOOR LATCH : 도어를 닫을 때 힘차게 눌러야 동체에 Gust Lock되어 있는 잠김이 풀린다.
　　　　　　　　Door Latch는 힘있고 강하게 누른다.

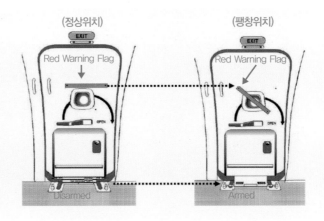

▲ ESCAPE SLIDE 팽창을 위한 GIRT BAR 및 RED WARNING FLAG 설치절차

B737 NG DOOR OPEN 절차

❶ 외부 상황 정상 확인
  ● Door Viewing Window를 통하여 외부직원에게 수신호를 보낸다.
❷ Door Mode 정상 확인
  ● 기내 바닥에서 분리한 Girt Bar가 Door의 고정장치에 잘 걸려 있는지 확인한다.
❸ Red Warnig Flag 확인
  ● Door Viewing Window 상단에 부착되어 있는지 확인한다.
❹ Door Open
  ● Door Operation Handle을 화살표 방향으로 천천히 돌려 Door를 Open한다.

B737 NG DOOR 비상시 작동법

❶ VIEWING WINDOW를 이용하여 외부상황을 파악한다.
❷ GIRT BAR가 팽창위치(ARMED POSITION)에 있는지 확인한다.
❸ ASSIST HANDLE을 잡고 DOOR OPERATION HANDLE을 화살표 방향으로 완전히 돌려 문을 연다.
❹ ASSIST HANDLE을 잡은 채로 DOOR가 동체에 완전히 GUST LOCK될 때까지 민다.
❺ DOOR 턱 하단의 우측에 있는 MANUAL INFLATION HANDLE을 잡아 당긴다.

※ Gust Lock : 모든 항공기 Door는 완전히 개방하면 Door가 동체에 고정되어 바람이나 외부충격을 가해도 스스로 닫히지 않게 된다. 이렇게 도어가 동체에 완전히 고정되는 것을 Gust Lock 이라고 한다. Gust Lock 상태를 풀기위해서 Door Latch를 눌러주어야 한다. Door Latch를 누르지 않으면 천하장사가 시도해도 Door가 닫히지 않는다.

B737-700/800/900 DOOR 열고/닫는 동작

닫기(DOOR CLOSE)

STEP **1** ▲ DOOR LATCH를 누른다.

STEP **2** ▲ DOOR를 힘껏 당긴다.

STEP **3** ▲ 도어 핸들을 잠김위치로

열기(Door Open−Girt bar가 정상위치로 되어있고 Red Warning Flag가 수평상태 확인 후)

STEP **1** ▲ Door operation handle을 열림위치로 힘껏 젖힌다.

STEP **2** ▲ Door operation handle을 잡고 도어를 바깥쪽으로 민다.

STEP **3** ▲ 열린 Door를 오른쪽으로 힘껏 민다.

STEP **4** ▲ LATCH가 걸릴 때까지 Door를 밀어준다.

항공기 도어 오픈(Door Open)절차

항공기 비상사태가 아닌 경우 항공기 도어(Door)를 열 때 Escape Slide의 오작동(Misinflation)이 발생할 가능성이 매우 높기 때문에 많은 주의가 필요하며 도어를 취급하는 승무원은 원칙과 절차를 준수하여야 한다.

항공기 도어(Door)는 객실승무원이 내부에서 여는 경우와 지상직원에 의해 바깥에서 열어주는 경우가 있는데 일반적으로 B737 기종을 제외한 모든 항공기는 지상직원이 바깥에서 열어주는 것을 원칙으로 한다.

이러한 이유는 B737(Slide 모드를 레버로 작동시키는게 아니라 Girt bar를 사용하여 수동으로 장착) 항공기를 제외한 모든 항공기는 비상탈출 시 사용하는 Escape Slide가 객실승무원의 실수로 팽창위치에 있더라도 항공기 외부에서 도어를 열면 자동적으로 정상위치로 변경되어 Escape Slide가 팽창하지 않기 때문이다. 즉, 승무원의 실수에 의한 Escape Slide의 오팽창(Misinflation)을 방지하기 절차라고 생각하면 좋다.

따라서 다음과 같이 항공기 내부에서 여는 절차와 항공기 외부에서 여는 절차를 구분하여 설명하기로 한다.

Door Latch(도어를 닫을 때 눌러서 Gust Lock을 풀어주는 장치)는 기종별로 상이하나 모든 비행기에 장착되어 있다. 사진은 B737 기종의 도어 Latch이다.

항공기 내부에서 도어를 여는 경우

① 외부에 지상직원이 대기하고 있으나 외부에서 항공기 도어 여는 방법을 모르고 게이트(Gate) 환경상 외부에서 열 수 없는 경우

② 외부에 지상직원이 없고 비정상 상황 등으로 인해 도어를 반드시 내부에서 열어야 할 경우

③ B737 항공기

항공기 내부에서 도어 여는 절차

① 담당 승무원은 객실사무장/캐빈매니저에게 인터폰으로 보고한다.

② 객실사무장/캐빈매니저는 기장에게 보고하고 허가를 득한 후 Door Slide Mode 정상상태를 재확인하고 Door Open을 허가한다.[단 B737 기종인 경우 원칙적으로 내부에서 도어를 여는 것이 원칙이므로 항공기 도착 후 기장이 좌석벨트(Fasten Seatbelt)를 Off 하는 것을 기장의 허가로 간주한다]

③ 도어를 여는 승무원은 해당 도어 담당 승무원 또는 객실사무장/캐빈매니저가 지정한 승무원을 '도어조작 승무원'과 '도어관찰 승무원'으로 임명하여 2인1조로 구성한다.

④ 도어조작 승무원은 항공기 도어를 열기 전 모든 도어관찰 승무원이 들을 수 있도록 아래 명령어를 큰 소리로 말하면서 해당 부분을 손가락으로 가리킨다.

'외부상황 정상'

'도어모드 정상'

'Door Open'

항공기 외부에서 도어를 여는 경우 절차와 수신호

B737 기종을 제외한 모든 항공기에 해당하며 항공기가 게이트나 외부 주기장에 완전히 정지 후 기장이 좌석벨트(Fasten Seatbelt)사인을 Off하게 되면 외부에

외부에서 열어도 좋다는
승무원 신호

외부에서 열지 말고 대기하라는 승무원의 신호

▲ 항공기 Viewing Window를 통해 지상직원에게 보내는 승무원의 수신호

서 대기하고 있던 지상직원이 항공기 도어에 3차례 노크를 한 후 도어에 장착되어 있는 Viewing Window를 통해 객실승무원의 수신호를 기다리게 된다. 이때 항공기 내부에 있는 승무원은 엄지손가락을 위로 세워 도어를 열어도 된다는 표시를 한다. 만일 항공기 내부사정이나 여압장치가 완전히 정리되지 않은 상태 또는 좌석벨트(Fasten Seatbelt) 사인이 꺼지지 않은 상태에서 지상직원이 문을 열려고 하면 Viewing Window를 통해 양손의 검지를 엇갈리게 하여 거부의사를 분명하게 표시해주고 내부의 상태가 정리될 때까지 대기하게 한다.

도어 슬라이드 모드(Door Slide mode) 변경방법

객실사무장/캐빈매니저가 슬라이드 모드 변경방송을 실시함과 동시에 변경한다. 2017년 5월부터 대한항공에서는 기내방송을 이용한 도어 슬라이드 모드 변경방송을 실시하지 않고 객실사무장이 변경시점에 인터폰으로 전 승무원을 호출한 후, 아래의 문장과 같이 도어 슬라이드 모드 변경을 지시하고 인터폰을 종료한다. 잠시 후 다시 인터폰으로 전 승무원을 호출하여 담당 승무원이 모드를 변경한 사항을 순서에 의거 도어담당 승무원이 객실사무장에게 보고하는 것으로 시행하고 있다. 즉, 객실내부, 승객은 절차에 따른 기내방송을 듣지 않게 되어 있다. 바뀌게 된 이유는 승무원이 방송을 실시하게 되면 승객이 시청하고 있는 비디오 화면이 정지되어 불편하다는 고객서신이 많이 접수되어 변경하게 되었다. 인터폰으로 슬라이드 모드 변경을 지시하는 절차는 동일하며 아래와 같다.

슬라이드 모드변경 방송 예-KE

제1단계 : Cabin Crew Door Side Stand By.

제2단계 : Safety Check.

제3단계 : 객실사무장이 모든 승무원에게 인터폰 이용하여 Call 한다.

제4단계 : 제일 뒤편 승무원부터 'L5, L4, L3, L2 …… 이상없습니다'를 순서대로 객실사무장에게 연락한다.^{(항공기가 2층 구조로 되어 있는 A380인 경우 L5, L4, L3,}
L2, UL3, UL2, UL1 이상없습니다 …… 순으로 연락한다)

슬라이드 모드변경 방송 예-OZ

제1단계 : 전 승무원은 Door Side로 위치하고 오른쪽 출입문 안전장치를 팽창
^(정상)위치로 변경하십시오.

제2단계 : 왼쪽 출입문 안전장치를 팽창^(정상)위치로 변경하십시오.

제3단계 : 각 Door별 담당 승무원이 PA를 이용해 "출입문 안전장치를 팽창^(정상)
위치로 변경하고 상호 확인했습니다."라고 보고한다.

- DOOR MODE 변경 절차 철저 준수
  - 'STOP', 'THINK' and 'Arming lever 위치확인' 절차 준수
  - 반드시 CROSS CHECK 절차를 준수할 것
- DOOR OPEN 시 2인1조 작동 절차 준수
  - 특히, B737의 경우, 승객 하기 순서 준수를 위해 사무장 1인이 DOOR를 작동하는
    사례 금지

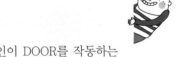

B737-700/800/900 항공기 슬라이드 모드 변경

B737 팽창위치^(Automatic/Armed Position) : 도어 하단의 거트바^(Girt Bar)를 바닥에 설

B737 항공기 팽창위치

❶ B737 항공기의 팽창위치는 빨간색의 Red
Warning Flag를 Viewing Window에 가로질
러 설치한다.

❷ BRAKETS 거트바 고정장치
❸ B737 항공기의 팽창위치는 GIRT BAR를 바닥에
설치되어 있는 BRAKETS에 넣어 고정시킨다.

치되어 있는 Brakets에 건 후 Red Warning Flag를 Viewing Window를 가로질러 놓는다.

B737 정상위치(Manual/Disarmed Position) : 도어하단 Brakets에 장착되어 있는 거트바(Girt Bar)를 슬라이드 Bustle에 장착시킨 후 Red Warning Flag를 Viewing Window 상단과 수평하게 놓는다.

- Door Mode 변경 시 Girt Bar는 고정장치에 정확하게 장착
- Door Open 시 Girt Bar 정상위치 반드시 재확인 후 Open

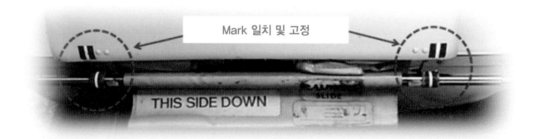

B737 항공기 정상위치

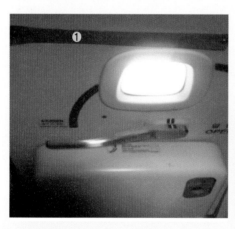

❶ B737 항공기의 정상위치는 Red Warning Flag를 Viewing Window에 수평으로 놓는다.

❷ B737 항공기의 정상위치는 슬라이드 Girt Bar를 Brakets에서 꺼내어 도어에 고정 시킨다.
❸ Brakets

B737-800 / 900 기종 Door 구조 설명

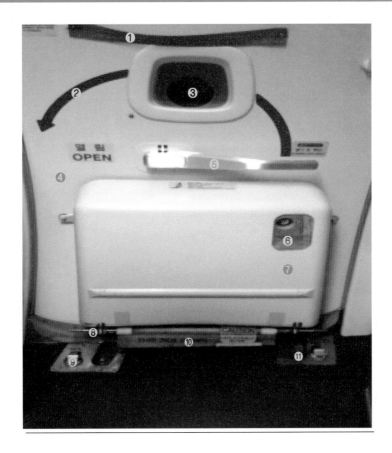

❶ Red Warning Flag
❷ 도어핸들 돌리는 방향표식
❸ Viewing Window
❹ Door
❺ Door Operation Handle
❻ 도어 슬라이드 팽창 압력 게이지

❼ Escape slide bustle(탈출미끄럼대가 보관되어 있는 곳)
❽ Girt Bar
❾ Brakets
❿ Escape Slide
⓫ 도어 바닥 물 배수구

DOOR 용어정리

DOOR는 항공기에서 출입구 또는 비상시 탈출구 등으로 사용하기 위해 장착 되어 있다. 주로 EXIT로 표시되며 불빛으로 표시된다.

- Door Operation Handle : Door를 열고 닫는 손잡이를 말한다.
- Slide Bustle : Door 하단부의 불쑥 튀어나온 사각형 형태의 부분으로 Escape Slide가 들어 있다.
- Escape Device : 비상사태 발생 시 승객과 객실승무원을 항공기로부터 빠르고 안전하게 탈출시키기 위한 장비를 말한다. 장비에는 Slide/Slide Raft/ Life Raft가 있다.
- Girt Bar : Escape Device를 항공기 Floor에 고정시키거나 분리시키는 스테인리스 막대기이다. Girt Bar가 항공기 바닥에 고정되어 있는 상태를 Armed Position^(팽창위치), 분리되어 있는 상태를 Disarmed Position^(정상위치)이라 한다.
- Slide Arming Lever : Door를 정상/팽창위치로 변경시킬 때 사용하는 장치이다.
- Viewing Window : 항공기에서 비상탈출 시 사용하는 창문을 말하며 Door 중단이나 상단에 설치되어 있고 비상탈출 시에는 반드시 외부상황을 이 창문을 통하여 확인하고 Door를 작동한다.
- Pneumatic Power : 항공기 Door가 팽창위치에서 문을 열 경우 Door Open을 지원해 주는 압축공기의 힘을 말한다.
- Gust Lock : 항공기 문이 완전히 열렸을 때 문을 동체에 고정시켜주는 장치이다.
- Gust Release Button : 항공기 Door를 닫을 때 문을 항공기 동체로부터 풀어주는 누름장치이다.
- Assist Handle : 항공기 문을 열거나 닫을 때 객실승무원의 안전확보를 위해 잡는 손잡이이다.
- Safety Strap : 항공기 문이 열려 있는 상태에서 승무원이나 조업원의 추락방지를 위해 설치하는 안전끈이다.
- Slide Gas Bottle Gage : 탈출용 슬라이드를 팽창시킬 수 있는 압력을 나타내주는 장치이다.
- Slide : 비상사태 조우 시 승객과 승무원을 안전하게 항공기로부터 탈출시키는 미끄럼틀을 말하며, 1인용 슬라이드와 2인용 슬라이드가 구분되어 설치되어 있다.
- Life Raft : 항공기 비상착수 시 항공기로부터 탈출하여 생존할 수 있는 구명보트를 말하며, 서바이벌 Kit이 장착되어 있다.

용어 정리

- Red Warning Flag : B737 기종에 설치되는 빨간색 띠로 팽창위치에서는 Viewing Window를 가로질러 설치하고, 정상위치에서는 Viewing Window를 방해하지 않도록 위쪽에 수평으로 설치한다.
- Brakets : B737 기종에서 Girt Bar를 Floor에 고정시키는 금속장치이다.

B737 OVERWING EXIT

▲ B737 날개 위 보조출입구(OVERWING EXIT)
Overwing Exit은 주날개 위 동체에 좌, 우 2개씩(700 기종은 1개씩) 설치되어 있으며 비상사태 시 객실 중앙에 앉아 있는 승객의 긴급탈출을 위해 사용된다.

B737 OVERWING EXIT HANDLE ▶
빨간색 핸들을 당기면 비상구는 바깥쪽 위로 올라가며 슬라이드의 팽창은 없다. 따라서 승객들은 날개 위 탈출표시를 따라 탈출한다.

▲ OVERWING EXIT 열린 모습

▲ 창문커튼은 아래서 위로 작동
한다(다른 창문 커튼은 위에
서 아래로 작동).

▲ 바깥으로 열린 탈출구 모습

- Overwing Exit는 주변 승객에 의해 Taxing이나 이륙 전 호기심에 의해 종
종 Open되는 경우가 발생하니 객실승무원은 비상구 브리핑 시 항상 날개 위
탈출구의 작동시기에 대해 브리핑하여야 한다.

- Overwing Exit 옆에 설치돼 있는 좌석에는 좌석 간의 간격은 타 좌석에 비
해 넓으나 등받이를 눕힐 수 있는 장치가 없다. 승객에게 먼저 고지하여 불
편함이 없도록 한다.

- OVERWING EXIT은 CANOPY TYPE이므로 비상구 위쪽 부위를 축으로 하
여 바깥쪽으로 열린다.

OVERWING EXIT 작동법

손바닥을 위로 하고 덮개 안쪽으로 손을 넣어 손잡이를 잡고 아랫방향으로 힘껏 잡아
당기고 놓는다. Overwing Exit는 Canopy Type으로 Exit 상단부위를 축으로 하여 항
공기 바깥쪽으로 올라가며 열린 후에는 동체에 고정된다.

- 비상시 Overwing Window Exit는 비상구 좌석에 착석한 승객들이 직접 열어야 하
므로 비상구 좌석승객 브리핑 시 Overwing Exit 작동법에 대해 설명하여야 한다.

- 항공기 비상착륙 시 승객들을 날개 위쪽에 표시된 화살표 방향으로 탈출하도록 하여
야 한다.

- 비상 착수 시에는 뒤쪽 Escape Hatch의 Frame으로부터 Escape Strap을 꺼내어 항
공기 날개 위에 설치된 고리에 고정한 후 승객들의 탈출 경로를 항공기 전방으로 유
도한다.

- 일반적으로 비상 착수 시에는 항공기 날개 뒤에 파편이 많아 탈출하는 승객들이 부상
을 입기 쉬워 반드시 날개 전방으로 탈출할 수 있도록 유도한다.

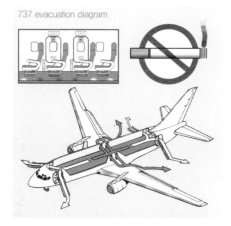

▲ B737-700/800/900 비상탈출 도해도   ▲ OVERWING EXIT을 좌측에서 본 모습

OVERWING EXIT은 주날개 위에 좌, 우 각각 2개씩 총 4개가 설치되어 있으며(B737-700은 좌, 우 각각 1개씩 설치) 비상탈출 시 가운데 부근에 착석해 있는 승객들의 주된 탈출구로 이용된다.

OVERWING EXIT 탈출명령어

● OVERWING EXIT 승객 개방 명령어

창밖을 보세요! 안전합니까?	Look outside! Is it safe?
손잡이를 당기세요!	Pull the handle.

● OVERWING EXIT 탈출명령어

바깥으로!	Step through!
날개 뒤로 내려! 멀리가!	Slide off the back of the wing!

Life Raft가 없는 경우	Inflate your life vest!
구명복 부풀려! 바깥으로!	Step through!
날개 앞으로 뛰어!	Go off the front of the wing!
헤엄쳐 가서 잡아!	Swim to the slide and hold on!

04. GALLEY 구조 및 시설

갤리 모습

B737 기종에는 앞뒤에 승무원용 Galley가 설치되어 있으며, 시설과 구조는 다음과 같다.

▲ 이스타항공 B737-800 항공기 갤리

▲ 대한항공 B737 항공기 GALLEY 전경

▲ FWD L SIDE GALLEY

▲ FWD R SIDE GALLEY

▲ B737 기내식 CART SETTING 모습

▲ B737 GALLEY 내 얼음보관장소

B737 기종 Galley에 장착된 시설

B737 기종 Galley에는 다음과 같은 시설이 장착되어 있다.

Coffee maker, Oven, Water Paucet, Water Drain, Hot Cup, Circuit Breaker, Serving Cart 및 보관장소, Meal Cart 및 보관장소, 얼음보관장소, 서비스용품 보관장소, Warmer^(해당 기종), Extention Shelf, Water Shut Off Switch

B737 GALLEY 내 물공급장치(Water Paucet & Drain)

항공기가 지상에 주기되어 있을 경우 갤리 내 Drain에 버린 물이나 음료는 기화되지 않은 채 바로 항공기 외부로 배출되기 때문에 지상 조업원이나 정비사의 부상예방을 위해 물이나 음료를 버리지 말아야 한다. 또한 장비유지를 위해 Drain에는 순수한 물만 버려야 하며 항상 청결한 상태를 유지한다. 갤리에 물을 공급하는 장치를 Water Paucet 라 하고 사용한 물을 외부로 방출시키는 구조물을 Drain이라 한다.

B737 GALLEY 내 워머(WARMER)

WARMER는 기내식 서비스에 사용할 빵, 타올, 집기를 WARM-ING하는 데 사용하며 스위치를 작동시키면 일정한 온도를 유지하며 보온된다. Warmer 내부에는 화재 예방 및 안전을 위해 가연성 있는 물질을 절대 보관해서는 안 된다.

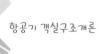

▲ B737 OVEN

GALLEY 내 오븐, 커피메이커(OVEN & COFFEE MAKER)

Coffee Maker나 Water Boiler를 켜기 전에는 화재 예방 및 장비유지를 위해 반드시 Airbleeding을 해야 한다.

이착륙 시에는 반드시 Coffer Maker의 Pot이 비어 있어야 하고 Hot Plate의 전원이 꺼져 있는가를 확인해야 한다.

※ Airbleeding : 전원을 켜기 전 Coffee Pot을 이용하여 미리 물을 빼어 Tank 내 기포를 제거하는 것

▲ 커피메이커

▲ 커피제조용 팩 넣는 위치

OVEN 조절 스위치는 TIME TO PAST 방식으로 10분을 작동시키고자 하면 12분 정도에 놓아야 원하는 시간이 정확히 작동될 수 있으며 기세팅된 시간이 경과하면 버저가 울리게 되어 있다.

OVEN 내부는 오븐 작동 시 고열이 발생하는 관계로 화재 및 고장방지 위해 종이, 비닐, 면소재 등 인화성 물질을 절대로 보관해서는 안 되며 상당히 뜨겁게 달궈진 상태이므로 반드시 오븐작업용 장갑을 사용하여 화상을 입지 않도록 한다.

▲ B737 OVEN 조절 스위치 – 정해진 시간이 되면 자동으로 멈추며 경고음

B737 OVEN 스위치 작동모습

▲ B737 NG OVEN 내부모습 　　　　　　　　▲ OVEN 내부와 작동 Timer Switch

갤리 내 서킷브레이커(CIRCUIT BREAKER)

전원차단 과부하 현상 발생 시 자동으로 튀어나오며 일반 가정집의 휴즈라고 생각하면 동일하다. 화재 시나 필요 시 설비의 해당 Circuit Breaker를 잡아 당긴다.

★ 전원 재연결 : 과부하 현상이 제거된 후 Circuit Breaker를 누른다.
　화재 진압 후에는 재연결하지 않는다.

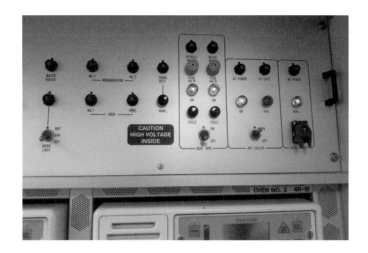

B737 GALLEY 내 쓰레기통, Galley 내 설치된 Water Shut Off Valve

- 쓰레기통이 협소하니 부피 큰 오물은 넣지 말고 Cart 빈 공간을 이용하여 처리한다.
- Water Shut Off Switch는 물 공급 Line의 근처에 위치하며, Water Shut Off Valve 위치를 나타내는 표식이 붙어 있다.
- 해당 Galley 내 물 공급을 차단하며 누수현상이 일어나면 Water Shut Off Switch의 Valve Handle을 Closed(Off) 위치에 놓으면 물의 공급이 차단된다.

▲ B737 GALLEY 내 쓰레기통

▲ Galley 내 설치된 Water Shut Off Valve

▲ B737-900 AFT Galley 전경

GALLEY에 설치돼 있는 EXTENTION SHELF 사용법

- 설치된 EXTENTION SHELF는 이착륙 시 반드시 LATCH(걸쇠)를 이용하여 고정하여야 한다. 용도-GALLEY 선반이 협소하여 서비스 준비할 공간확대를 위한 것이며 사용할 때는 Latch를 풀고 앞으로 당기면 펼쳐지며 사용 후 접어 놓을 때는 밀어서 안으로 넣고 Latch를 잠그면 된다.(자동으로 잠기지 않는다)

- EXTENTION SHELF가 제대로 고정되지 않으면 착륙 시나 이륙 중단 시 앞으로 빠져나와 승객의 탈출통로를 막는 경우가 발생한다.

접이용 선반이 펼쳐진 모습

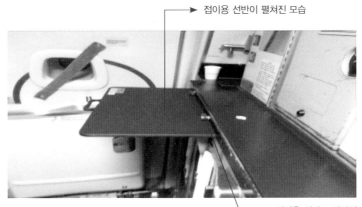

접이용 선반 고정걸쇠

O5. 화장실 구조(LAVATORY)

화장실 시설

▲ 화장실 전경

▲ 파란색–찬물, 빨간색–더운물

▲ 쓰레기통과 승객호출용 버튼

▲ 승객호출용 버튼 누른 모습

▲ 화장실 내 승객호출버튼 신호

- B737 NG 항공기는 FWD 1곳, AFT 2곳 설치되어 있다.

- 승객이 화장실 안에서 도움을 청하는 CALL BUTTON을 사용했을 경우 객실승무원은 지체 없이 승객의 불편이 없도록 즉각 응대해야 한다. 객실승무원 STATION에는 주황색으로 점등된다.

- 이착륙 시 화장실 점검은 필수이며 승객이 화장실에 잔류하고 있는 상태에서 항공기의 이착륙은 불가하므로 즉시 기장에게 보고하고 필요한 조치를 받아야 한다.

- B737 기종은 기내식 후 화장실을 이용하는 승객이 많으므로 객실 브리핑 전 승객의 적절한 안배를 위해 사전준비를 해야 한다.(앞쪽 상위클래스 화장실 이용건)

- B737 기종의 뒤쪽 화장실에 냄새가 나는 경우가 종종 발생되어 주변 승객에게 불편을 끼치게 되는 경우가 발생하니 지상에서 반드시 점검하여 불쾌한 냄새가 나지 않도록 한다.

- 단거리 비행(QUICK TURN FLIGHT)일 경우 비행 중 화장실 점검이 힘든 경우가 많다. 따라서 지상에서 충분량의 화장실 용품을 비치하여 승객에게 불편을 끼치지 않도록 한다.

화장실 내 연기감지기(SMOKE DETECTOR)

▲ 연기감지기

- 위치 : 화장실 천장(외장형임)
- Test : Smoke Detector 내의 Selftest Switch를 누른다.
- 연기감지 시 발생하는 현상
  - 해당 화장실로부터 고음의 경고음이 지속적으로 발신된다.
  - Smoke Detector 내 빨간색 Alarm Indicator Light가 점등된다.
- Reset
  - Smoke detector 내 Reset Hole에 끝이 뾰족한 물체를 넣어 누르면 Horn이 Off된다.
  - Alarm Indicator Light는 연기가 완전히 소개될 때까지 계속 점등된다.

화장실에서 Smoke Detector가 작동했을 경우

- 즉시 해당 화장실의 화재발생 여부를 점검한다.
- 화장실 내의 승객 유무를 파악한다.
- 승객이 흡연하였을 경우 담배꽁초의 불씨가 완전히 꺼졌는지를 승무원이 직접 육안으로 확인한 후 기장에게 보고한다.
- 흡연한 승객이 발견된 경우 흡연을 즉시 제지하고 흡연은 불법행위임을 정중하고 단호히 경고한다.

06. B737 탑승근무 객실승무원 탑승근무 시 유의사항 ✈

SERVICE 측면

- 앞뒤 GALLEY 내 설치되어 있는 비상구 하단에 음식물, 기내식 부스러기, 쓰레기 및 음료의 일부가 치워지지 않고 방치되어 악취유발요소가 될 수

있으니 지상 조업 시 조업원에게 확실하게 고지하여 청결유지하는 습관이 있어야 한다.

- 기내 화장실이 앞쪽에 1개, 뒤쪽에 1~2개밖에 설치되어 있지 않아 많은 승객들이 한꺼번에 이용하면 상당한 혼잡이 발생되니 객실 브리핑 시 절차에 대해 논의할 필요가 있다.

- 화장실이 앞뒤로 배치되어 있어 기내 식사 서비스 후 긴 줄을 적당히 통제할 필요가 있다. 식사 후 너무 긴 줄이 발생할 때 비즈니스 클래스 승객의 양해를 구하고 해당 화장실을 잠시 사용할 수 있도록 배려한다.

- 다른 기종과 달리 WATER BOILER가 장착되지 않아 뜨거운 물 사용 시 사전준비가 필요하며 앞 GALLEY 내 장착되어 있는 커피메이커는 이륙 후 사용할 수 없는 상태로 되는 경우가 많아 지상에서 충분한 Air Bleeding이 요구된다.

- 뒷편 화장실 환기가 잘 되지 않아 비행 중 화장실 냄새를 유발할 수 있으니 지상 조업 시 조업원에게 상기 내용을 고지하고 적절한 조치를 취해야한다.

- 개인별 AVOD가 장착 안 된 비행기가 많아 뒤편에서 영화 및 상영물 조작 시 테이프나 CD를 승객 머리 위로 떨어뜨릴 가능성이 있어 각별한 주의를 요한다. 특히 여성 객실승무원이 조작 시 성희롱이나 신체 노출의 가능성이 있으니 유의하자.

- 착륙 시 뒤편 GALLEY 내 중앙에 위치한, MEAL CART의 LOCKING 상태가 불량할 경우 복도로 튀어나와 승객을 다치게 할 위험성이 있다.^{(이런 사} 례가 몇 건 발생하여 심각한 문제로 대두된 적이 있다)

- GALLEY 내 냉장고시설이 없어 냉장 필요성이 있는 기내식이나 음료의 보관에 유의해야 한다.

- 단거리 QUICK TURN 비행에 주로 투입되는 기종이기 때문에 왕복분 기내식을 인천공항에서 함께 탑재하는 경우가 많다. IN BOUND 기내식의 위생상태 및 보관에 유의해야 한다.

- 각 GALLEY 내 설치돼 있는 쓰레기통의 입구 및 용량이 적어 쓰레기 버릴 때 좁은 입구에 객실승무원의 손을 다치지 않도록 조심해야 하며 특히 국

내선 음료 페트병 같은 부피가 큰 쓰레기는 사용하고 남은 MEAL CART 내 보관하여 하기할 수 있도록 한다.

● 객실승무원이 기녹음된 방송장치(Pre Recoded Announcement)를 사용하게 될 때 장치의 작동시간에 일정 시간이 소요되므로 충분한 시간적 여유를 가지고 실시하는 것이 좋다.

SAFETY 측면

● ESCAPE SLIDE가 타 기종 대비 GIRT BAR로 되어 있어 장착, 장탈 시 정확한 동작이 요구되며 반드시 CROSS CHECK 필요하다.

● 승객의 짐을 기내에 보관할 때 기내 HEAD BIN이 타 기종과 달리 좁아 모든 승객의 큰 가방을 일시에 보관하기 힘들다. 따라서 승객 탑승 전 지상직원과 사전 협의하여 승객의 휴대수화물의 적정성을 미리 규제하는 것이 안전하다.

● GALLEY가 신형기종 대비 상당히 좁아 기내 업무 시 부딪히고 피해를 입힐 수 있으니 서로의 배려와 협조가 필요하며 모든 승무원이 GALLEY에서 일시에 작업하기 적합하지 않은 공간이니 GALLEY 업무에 미가담 승무원은 준비할 동안 객실에 나와서 승객의 요청사항을 해결하는 것이 좋다.

● 비상구 좌석의 등받이가 고정되어 있어 모르고 탑승하는 승객에게 사전안내가 필요하다.

● 날개 위 비상탈출구가 승객의 호기심을 자극해 이착륙 또는 TAXING 중 개방손잡이를 당길 위험성이 있어 사전안내가 반드시 필요하다.

● 비행기 DOOR 잠김장치가 최신형 항공기와 달리 디지털로 표시되지 않아 2016년 1월 3일 발생한 진에어 이율후 회항 사건 같은 미잠김 사례가 발생할 수 있고 이는 이륙 시 이륙중단의 비상사태를 야기할 수 있다. 따라서 승객 탑승 전 DOOR의 완전한 잠김상태를 재확인해야 한다.

● 협동체인 관계로 중간에 복도가 하나밖에 없어 기내 이동 시 각별한 주의가 필요하다.

- OVERHEAD BIN의 용량이 작아 승객의 많은 짐을 한꺼번에 보관하기 어렵다. 따라서 승객 탑승 전 지상직원에게 이런 사실을 고지하고 승객의 과다한 짐은 화물칸으로 이동시킬 수 있도록 해야 한다.
- 이착륙 시 뒤편 JUMP SEAT에 착석하는 객실승무원은 후향 좌석에 착석하게 되어 항공기 앞쪽을 보기가 힘든 상태이며 이는 비상시 승객통제 및 관리에 어려움이 있다. 따라서 착석 전 면밀한 객실점검 후 착석하는 것이 좋다.

Sterile Cockpit이란?

비행중요단계(Critical Phases Flight)에서는 운항승무원의 업무에 방해를 줄 수 있는 객실승무원의 어떠한 행위도 금지한다.

- 항공기의 지상이동 및 비행고도 10,000ft(3,048m) 이하에서 운항하는 시점을 "비행 중요단계"라고 규정하며 객실승무원은 이/착륙 시 Fasten seatbelt sign on/off 및 기내 표준신호를 이용하여 비행중요단계의 시작과 종료를 알 수 있다. 쉽게 말하면 지상이동 및 비행고도 10,000ft (3,048m) 이하에서 객실승무원에 의한 조종실 연락을 제한하는 것을 "Sterile Cockpit"이라 한다.
- 객실승무원은 비행단계 중 항공기 이륙 전 지상이동(TAXING), 이륙 (TAKE OFF), 착륙(LANDING), 착륙 후 지상이동(TAXING) 및 이륙 후/

착륙 전 10,000ft(3,048m) 고도 이하에서 일체의 조종실 업무 방해행위를 하지 말아야 한다.
- 하지만 객실승무원은 보고의 실시 및 지연이 비행안전과 직결되는지 여부를 파악하기 어렵기 때문에 안전에 관련된 사항 또는 위급상황 발생 시 아래의 긴급신호를 이용하여 운항승무원에게 연락을 취할 수 있다. 기장은 안전을 고려하여 객실승무원과 통화 여부를 결정할 수 있으며 즉각 응답이 어려운 경우 가능한 빠른 시간 내에 객실승무원에게 연락한다.

쉬어가기 항공상식

★ 자동차연료와 항공기연료 어느 쪽이 비쌀까?

자동차는 경유와 휘발유를, 비행기는 항공유를 연료로 사용한다. 항공유에는 프로펠러 비행기나 헬리콥터 등 내연기관을 돌릴 때 쓰이는 항공가솔린과 제트 비행기에 쓰이는 제트연료가 있다. 그렇다면 자동차연료와 비행기연료는 어떤 차이가 있을까? 비행기에 사용되는 연료는 자동차용 연료에 비해 옥탄값(octane value)이 높아야 한다. '옥탄값'은 앤티노크성(性)을 수량적으로 표시하는 지수로 연료의 안전한 정도를 나타내는 수치이다. '옥탄값'이 높을수록 이상폭발이 일어날 확률이 적기 때문에 상대적으로 더 안전한 연료라고 할 수 있다. 항공기는 압축된 공기를 사용하기 때문에 이상연소(異常燃燒)가 발생할 위험이 높아 옥탄값이 높은 안전한 연료가 반드시 필요하다.

따라서 항공기에 들어가는 연료는 무엇보다 안전하게 만들어져야 하고, 그만큼 만드는 방법도 복잡하다. 항공가솔린은 원유를 단순하게 증류해서는 얻을 수 없고, 접촉분해법 같은 특수한 제조법으로 자연상태에서 옥탄값이 가장 높은 이소옥탄을 빼낸 다음, 여러 가지 첨가물을 섞어 옥탄값을 끌어 올려 만든다.

제트 비행기는 프로펠러 비행기보다 더 높은 고도에서 난다. 따라서 제트 비행기에 들어가는 제트연료는 높은 고도에서도 제 기능을 할 수 있어야 한다.

비행기의 순항고도인 10km 상공은 외부온도가 영하 55도에 달한다. 제트연료가 들어 있는 연료탱크는 엔진에서 발생한 열을 순환시켜 일정한 온도를 유지할 수 있지만, 항공기의 안전을 위해서 어는점이 낮으면 낮을수록 좋다. 이 때문에 제트연료에는 빙결방지제를 넣어 어는점을 영하 40도까지 낮춘다. 또 높은 고도는 기압이 매우 낮다. 10km 상공은 0.2기압으로 지상보다 5배나 낮다. 기압이 낮으면 뭐가 문제일까? 위에서 누르는 압력이 작기 때문에 액체의 끓는점은 낮아지고, 기화(액체가 열에너지를 흡수하여 기체로 변하는 현상)가 빨리 진행된다. 따라서 항공유는 휘발성이 작아야 한다. 이것은 제트연료의 주원료가 등유인 이유이기도 하다.

제트연료의 주연료인 '등유'는 성냥이나 라이터로 불을 붙여도 잘 타지 않는다. 영화 '다이하드'에서 주인공이 비행기에서 흘러나온 기름에 불을 붙였더니 순식간에 탄 장면은 사실 영화에서나 볼 수 있는 많이 과장된 이야기다. 그럼 항공유의 가격은 어떨까? 엄격한 조건을 만족시켜야 하기 때문에 매우 비쌀 것으로 생각하겠지만, 놀랍게도 항공유는 오히려 휘발유보다 훨씬 싸다.

현재 자동차용 가솔린은 1리터에 세전 공장도 가격이 약 845.37원(2014년 7월 기준), 여기에 각종 세금을 포함하여 1,758원 정도. 제트연료는 1갤런당 2.8$(8월 18일 기준), 1리터에 약 73~74센트(약 755원)에 불과하다. 자동차용 가솔린은 소비자가 주유소에서 직접 적은 양을 사지만, 항공유는 사업자가 정기적으로 많은 양을 구매하기 때문이기도 하다.

Galley
Emergency Exits
Lavatory
Main Cabin Door
Emergency Exits

AIRBUS A320 /A321
(아시아나항공, 에어부산, 에어서울)

/ A330-200, 300
(대한항공)

PAX Aircraft Cabin Structure

01. Air Bus 320 / 321 / 330-200, 300 항공기 소개

항공기 특징과 제원

A320/321 기종의 특징

- 당시 베스트셀러 비행기였던 B727 기종에 비해 연료소모 대폭 감소
- 플라이 바이 와이어(Fly by Wire) 비행제어시스템 적용
- 항공기관사 필요 없이 기장/부기장 2명으로만 운영
- 복합소재로 제작되어 있어 비행기 자체 중량을 줄일 수 있다.
- 적재된 연료를 이용한 무게 중심 제어기능

▲ 아시아나 A320

▲ 에어부산 A321

1970년대의 오일 쇼크 이후, 에어버스는 항공기의 연료소비를 최소화할 필요가 있었다. 따라서 에어버스는 플라이 바이 와이어(fly-by-wire) 비행제어, 복합소재 기체, 적재된 연료를 이용한 무게 중심 제어, 글래스 칵핏, 항공기관사가 필요 없이 기장-부기장의 2명으로만 조종되는 시스템을 실현했다. 결과적으로, A320은 보잉 727의 절반 정도의 연료만 소모한다. 대한항공은 A321 NEO 50대를 순차적으로 도입한다.

A330-200/300 기종의 특징

- 항속거리가 다른 기종에 비해 상당히 길고 중거리, 단거리에 해당하는 국제선/국내선을 취항하고 있다.
- 동체에 비해 크기가 상당히 큰 Winglet이 설치되어 있어 연료절감 효과가 뛰어나다.
- 운항성능과 연료효율이 타 기종에 비해 월등히 높아 이산화탄소 배출이 낮아 탄소 저감효과를 낼 수 있다.
- 친환경적이고 고성능이기 때문에 비용은 줄이고 효율을 높일 수 있다.
- 항공기 소음이 비교적 적다.

▲ 대한항공 A330-200

▲ 대한항공 A330-300

에어버스 A300은 세계 최초의 중거리 쌍발 광동체형 항공기인데, 쌍발은 양 옆 날개에 달려 있는 제트엔진이 두 개라는 의미이고, 광동체형은 광폭동체 항공기(Wide-body-aircraft)라고 부르는데 항공기 내부에 복도가 두 개 존재하는 폭이 비교적 넓은 대형 여객기를 말한다.

에어버스 A300이 처음으로 엔진 두 개로 광동체 여객기를 만들었으며, A300은 에어버스를 일으킨 기종이자, B747 다음으로 많이 쓰이는 모델이 됐다.

▲ 대한항공 A330-300 정면 모습

A320 객실배치도, 제원

▲ 아시아나 A320 : 빨간색 Overwing Exit 부분이 321과 차이점임

▲ 아시아나 A320 객실모습

A320 제원

- 아시아나항공 보유대수 : 8대, 에어부산 6대
- 좌석수 : 156석
- 경제운항속도 : 841km/h
- 최대운항거리 : 4,000/4,611km
- 최대운항시간 : 5:01/5:45hr:mn
- 최대운항고도 : 12,131m
- 길이 : 37.57m
- 높이 : 11.76m
- 날개 폭 : 34.10m

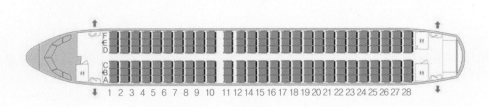

▲ 아시아나 320 객실배치도

아시아나 A321 객실배치도, 제원

▲ 아시아나 A321 : 빨간색 Overwing Exit 부분이 320과 차이점임

▲ 아시아나 A321 객실모습

A321 제원

- 아시아나항공 보유수 : 2대, 에어서울 6대, 에어부산 17대
- 23대 좌석수 : 200석, 177/191/171/195석
- 경제운항속도 : 841km/h
- 최대운항거리 : 2,092/4,232/4,592/4,797km
- 최대운항시간 : 2:37/5:14/5:41/5:56 hr:mn
- 최대운항고도 : 11,918/12,131m
- 길이 : 44.51m
- 높이 : 11.76m
- 날개 폭 : 34.1m

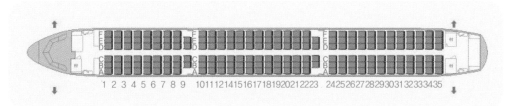

▲ 아시아나 321 객실배치도

대한항공 A330-200(ER 포함, ER-Enhanced Airplane) 객실배치도, 제원

▲ 대한항공 A330-200

▲ 대한항공 A330-200 객실모습

A330-200 제원

- 제조사 : Airbus
- 순항속도(km/hr) : 879
- 항공기 길이(m) : 58.37
- 높이(m) : 17.3
- 최대운항거리(km) : 11,795
- 장착 좌석수 : 218
- 날개 폭(m) : 60.3

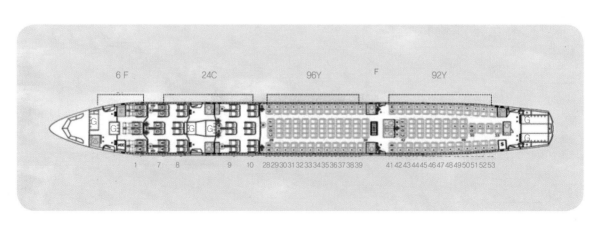

▲ A330-200 객실배치도

대한항공 A330-300 객실배치도, 제원

▲ 대한항공 A330-300

▲ 대한항공 A330-300 객실모습

A330-300 제원

- 제조사 : Airbus
- 순항속도(km/hr) : 879
- 항공기 길이(m) : 63.69
- 높이(m) : 16.83
- 최대운항거리(km) : 9,217
- 장착 좌석수 : 276
- 날개 폭(m) : 60.3

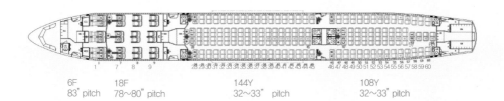

6F	18F	144Y	108Y
83" pitch	78~80" pitch	32~33" pitch	32~33" pitch

G : Galley S : Stowage C : Closet A : Attendant Jump Seat ◆ : LCD Monitor ● : Baby Bassinet

SEAR	CABIN	GALLEY(ATLAS)	IFE SYSTEM(i5000)	기내 위성전화
• F/CLS : Sleeper • C/CLS : Prestige Sleeper • Y/CLS : Y/CLS Normal Seat	• Exit Door 간섭 : 46AH • 화장실 주변 : 288CFG, 45/46BG, 60BD/FG • NO Window : 45AH	• HL7701/02/09/10/20 : ATLAS • HL7524/25/40/50~54/84~87 : KSSU	• 연결편 환승정보 제공 • Digital 신문 서비스 • Audio Book 서비스	• 좌석용 전화기 : 없음 • 벽면용 전화기 : 4개 • HL7701/02/09/10/20 : 위성전화 미장착

▲ A330-300 객실배치도

02. 객실구조

A330 최신형 항공기 점검 창(FAP)

객실점검 FAP System

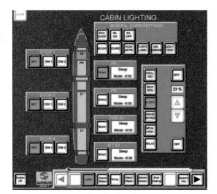

▲ Cabin Lighting

FAP(Flight Attendant Panel)은 NO1 DOOR에 설치되어 있는 Touch Screen 방식의 Cabin Control System이다.

FAP의 주기능으로서는 DOOR의 상태, PRE ANNOUNCEMENT 실시기능, 객실온도, 객실조명, ELS(Emergency Lighting System), BGM(Back Ground Music)을 조절할 수 있다.

객실조명은 FR/PR/EY FWD/EY AFT로 나누어 조절할 수 있다. 조명변경 시 약 10초에서 5분 정도의 시간이 소요되며 전체 조명을 끄거나 키려면 MAIN ON/OFF SWITCH를 이용하여 조절한다.

객실 DOOR 및 ESCAPE SLIDE 점검

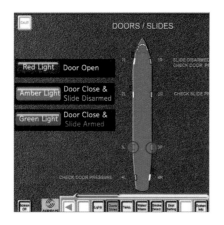

FAP 하단의 DOOR/SLIDE 버튼을 누르면 도어의 닫힘상태 및 Slide Armed를 확인할 수 있으며 DOOR 상태는 빨간색(열림), 호박색(닫혀 있으나 Slide Disarmed), 초록색(도어 닫혀 있고 Slide Armed)으로 표시된다.

객실온도

구역별 터치 스크린 형식으로 온도를 낮추거나 올릴 수 있으며 온도 조절 구역은 6구역으로 나누어져 있으며 9열은 Heated Air Outet이 있어서 개별 조절이 가능하다.

- Heated Air Outet : PR과 EY/CLS의 온도차를 최소화하기 위하여 자동으로 온도를 감지하여 작동하는 지능형 온도조절장치

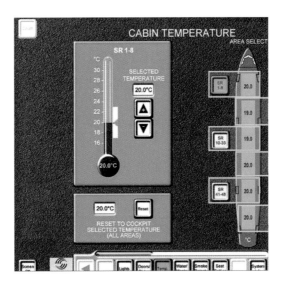

객실 오물량 지시화면

비행기에 설치되어 있는 물탱크 잔량과 오물탱크의 잔량을 확인할 수 있다.

- 항공기 출발 시 사무장은 반드시 정해진 용량의 음용수가 탑재되어 있는가, 오물탱크는 비워져 있는가를 반드시 확인하여야 한다.
- 음용수 부족으로 항공기 객실서비스에 지장을 준 사례가 있으므로 부

족 시 객실 정비사에게 추가 탑재를 요구하여야 한다.

- 오물탱크를 비우지 않았을 때 비행 중 오물수거에 문제가 생기기 때문에 큰 불편을 겪을 수 있으므로 지시화면을 통하여 재확인한 후 출발한다.

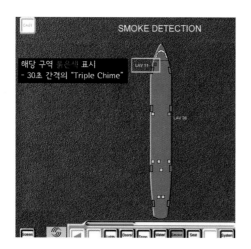

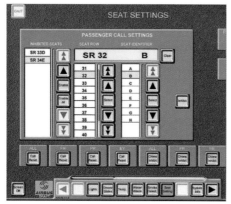

▲ Seat Settings

화재감지시스템

화장실이나 승무원 휴게소에서 화재 발생 시 30초 간격의 "딩딩딩"하는 경고음이 울린다. 객실승무원은 즉시 해당 구역의 화재발생 여부를 점검하여야 한다.

승객 호출 CALL 조절

승객좌석의 Call 시스템을 일시적으로 작동하지 못하게 하는 장치이며, 비행 중 모든 시스템을 끄지 않고 작동시키는 것이 일반적이다.

AIP(Attendant Indication Panel)

A330 항공기에서 AIP 위치는 모든 Station에 설치되어 있고 승객 Call일 경우 Call Button을 누른 위치 표시 확인, 핸드셋 작동 관련 메시지, 비상시 탈출 신호 관련 메시지, Smoke Detector 관련 메시지를 표시한다.

- 조종실, Cabin 비상연락 시 : 빨간색 Indicator 점등
- 일반 Call : 녹색 Indicator 점등

AAP(Additional Attendant Panel)

A330 항공기에서 AAP의 위치는 L2, L4에 설치되어 있고 주기능은 탈출신호와 화장실 연기감지장치를 끌 때 사용한다.

위성전화

- A330 비행기 내에는 벽면에 AT&T사의 위성전화기가 3~4대 설치되어 있다.
- 지상의 기지국 무선망을 이용하는 핸드폰 과 다르게 위성을 이용하여 비행기와 지 상 간을 연결하는 송수신시스템이다.
- 전화연결은 일반 핸드폰에 비해서 다소 시간이 소요되며(30~62초) 공명현상이 발생 하기도 한다.
- 통상 2~5명의 사용자가 기내에서 동시에 사용할 수 있다.
- 지상에서 비행기로의 송수신은 보안 및 승객의 불편 등으로 인해 금지되어 있다.
- 이착륙 시에는 금지한다.

위성전화 요금 정산방식

■ 통화요금

- 통화 시작 ~1분까지 : $ 8.98 일괄 부과됨
- 1분 이후 통화요금 : $ 0.65분 추가됨   EX 1분 6초 통화 시 : $ 9.63 부과됨

※ 통화 연결까지 30~60초까지 소요되며 통화 전에는 요금 미부과됨

■ 신용카드

- VISA, MASTER, AMERICAN EXPRESS, DINERS, JCB(단, Debit card는 사용 불가함)

위성전화 사용 시 주의사항

- "ON" 버튼을 누른 후 화면에 메뉴가 표시될 때까지 천천히 기다린다.
- 화면 지시에 따라 버튼을 천천히 작동한다.
- 사용 가능한 신용카드인지 확인 후 오른쪽 홀에 넣고 천천히 통과시킨다.
- 화면에 "Wait on Satcom"이 표시되면 정상적으로 연결 중이다.
- 전화가 정상적으로 걸리면 LINE CONNECTED라고 나타난다.
- 위성의 위치 또는 기상에 따라 연결이 안 될 수도 있으니 시간을 두고 재시도한다.

A300 항공기에 설치되는 위성전화 종류

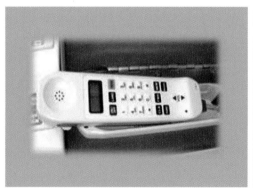

▲ 좌석용 전화기(핸드셋 겸용)

▲ 벽면용 전화기

AVOD Master Power Switch 조작방법

　　Master Power Switch란 승객이 시청하는 모든 AVOD(Audio, Video on demand)의 전원을 끌 수 있는 스위치를 말하며 비행 중 승객이 영화시청, 음악, 게임을 할 수 없는 비정상적인 상황이 발생하여 시스템을 초기화할 수 있는 스위치를 말한다. 따라서 비행 중 Master Power Switch Off는 신중하게 결정하여 사용하여야 한다.

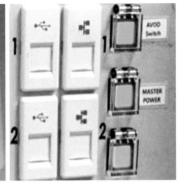

▲ Master Power Switch   ▲ Master Power Switch(A330-200ER)

기내 설치된 AVOD SYSTEM의 POWER를 OFF하는 방법

- AVOD SYSTEM을 OFF하기 위해서는 반드시 시청하는 구역의 승객에게 먼저 양해를 구하고 기내 방송을 통하여 AVOD OFF가 된다는 공지를 실시하여야 하며, 정해진 순서에 따라 AVOD OFF 작업을 수행하여야 한다.
- 만일 그렇지 못하면 AVOD SYSTEM에 치명적인 오류가 발생해 기내에서 SYSTEM 복구하는 데 어려움을 겪을 수 있다.
- 평균 SYSTEM 복구시간은 AVOD SYSTEM OFF 후 20~25분 정도 소요된다.
- 따라서 AVOD SYSTEM 전원 OFF는 신중히 결정하여야 한다.(보통 지상의 객실정비사와 위성전화로 시스템의 현상을 설명하고 지시하는 절차 및 순서를 철저히 따라야 한다)
- 보통 Toggle Switch의 Cover는 항상 덮어두어 부지불식간의 오작동을 방지해야 한다.

ISPS : A330 비행기 좌석 아래 전기공급시스템(ISPS : In-Seat Power System)

ISPS는 휴대용 전화기, 노트북 등 승객이 소지한 휴대용 전자기기에 전원을 공급하기 위해 사용되며, 상위클래스에는 좌석당 1개, 일반석에는 1열당 1개가 장착되어 있으며 최신형 항공기에 모두 설치되어 있다.

▲ A330-200/300 항공기 좌석에 설치된 전기공급장치(INSEAT POWER SYSTEM)

휴대폰이나 노트북 사용에 편리하도록 충전장치가 상위클래스 모든 좌석, 일반석 2자리에 한 개씩 설치되어 있어 기내에서 별도의 충전장치를 이용할 필요가 없어 편리함을 추구했다.

A332-200/300 일반석 표준좌석

일반석 모든 좌석에는 AVOD SYSTEM이 설치되어 있고 특이한 사항은 좌석에 옷걸이가 부착되어 있다.

비상구 좌석은 일반 좌석과는 달리 AVOD SYSTEM을 좌석 밑에서 꺼내게 되어 있다.

▲ 일반좌석　　　　　　　　▲ 비상구 좌석

장애인용 시설

일반석 좌석에는 움직일 수 있는 팔걸이가 부착되어 있어서 장애인 운송 시 편리를 도모할 수 있다. A330 기종을 포함하여 신형 모든 항공기 일반석 좌석에는 움직일 수 있는 팔걸이가 부착되어 있어서 장애인 운송 시 편리를 도모할 수 있다. 장애인용 암레스트는 먼저 팔걸이 하단 내부에 설치돼 있는 제낌 버튼을 누르고 암레스트를 들어 올리면 되며, 원위치로 돌아가면 자동적으로 잠김형태로 변한다.

▲ Movable Aisle Armrest

▲ 장애인용 화장실 / On-Board Wheelchair

A330-200/300 인터폰 및 기내 방송장치 내/외부

기내 인터폰 사용방법

- 정해진 두 자리 코드를 누른 후 통화한다.
- Reset을 시키기 위해서는 Reset 버튼을 누르거나 원위치시킨다.
- 인터폰 사용 중에는 PTT 버튼을 누를 필요가 없이 통화한다.
- 비상신호는 PRIO CAPT 버튼을 눌러 기내 비상상황이 발생함을 알리며, 비정상 상황이 발생하였음을 모든 객실승무원에게도 알리기 위한 신호이다.^{(이때 객실과 조종실에 3회의}
High-Low Chime이 울리며 Master Display Panel에 붉은색이 점등된다)

- CAPT : 조종실을 호출할 때 누른다.
- ALL ATT : 모든 객실승무원을 호출할 때 누른다.
- CREW REST ARED : 객실 내 승무원 휴게소를 호출할 경우 누른다. (A330-200 기종만 해당)
- PURS : 객실사무장을 호출할 때 누른다.

❶ 수화기
❷ 숫자버튼
❸ 기내방송 할 때 누르고 하는 버튼. 보잉사는 PTT버튼을 누르고 통화하나 AIRBUS 항공기는 이 버튼을 누르면 바로 기내방송으로 연결되니 주의를 요한다.
❹ 송화기
❺ 인터폰을 고정장치에서 빼낼 때 누르는 장치. 즉, 이 버튼을 누르면 인터폰이 고정장치에서 분리된다.

기내 인터폰 사용 시 주의사항

- 인터폰을 홀더에서 뽑을 때 떨어뜨리는 경우가 많이 발생하니 천천히 작동시킨다.
- PTT 버튼을 누르면 바로 PA로 연결되니 전화 송수신 시에 버튼을 누르지 않고 통화한다.
- PA로 사용 시 마이크 센서가 상당히 민감하니 적당거리를 두고 방송한다.

A330 기종의 비상신호와 긴급신호

비상신호(Emergency sign)와 긴급신호(Urgent sign)의 차이

- 비상신호 : 항공기 순항 중 객실 내 테러, 기내난동, 응급환자 발생 시 운항 승무원을 포함한 전 객실승무원에게 비상사태를 알리기 위한 신호

- 긴급신호 : 항공기 고도가 10,000ft 이하 비행 시 객실승무원이 항공기의 이상이나 객실안전에 문제가 발생될 수 있거나 발생되었을 때 운항승무원에게 긴급히 알리기 위한 신호

A330 비상신호	A330 긴급신호
인터폰 키보드에서 "PRIO CAPT" 버튼을 누른다.	인터폰 키보드에서 CAPT, RESET, CAPT 버튼을 누른다.
모든 승무원은 비상신호를 듣는 즉시 인터폰을 들고 자신의 위치와 지시를 전달 받아야 한다.	

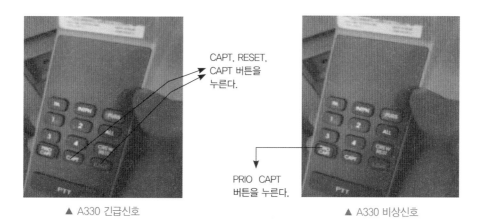

CAPT, RESET,
CAPT 버튼을
누른다.

PRIO CAPT
버튼을 누른다.

▲ A330 긴급신호   ▲ A330 비상신호

A330-200/300 COAT ROOM

A330 일반석 기내 R Side에 재킷을 걸 수 있는 코트룸이 설치되어 있어 승무원 제복 관리에 편리하다.

- 코트룸 안에는 의류 이외에 불필요한 물건을 보관하지 않도록 한다.
- 일반석 승객의 재킷은 승객 자신이 보관하도록 유도하여야 한다.
- 코트룸 내 승객물건을 보관 시 항공기가 하강 시점 무렵에 반드시 돌려 드려야 한다.
- 코트룸 Door는 이·착륙 시 승객의 통로를 막지 않도록 잠겨 있어야 한다.
- 코트룸 내 비상장비나 구급약품이 설치되어 있을 경우 비상장비나 구급약품을 가리거나 꺼내는 데 방해가 되지 않아야 한다.

▲ 일등석 FWD COAT ROOM

▲ 일반석 MID COAT ROOM

▲ 비즈니스 클래스 COAT ROOM 열린 모습

03. DOOR 구조 및 작동법

A330 DOOR의 구성요소

A330 도어는 다음과 같은 요소로 구성되어 있다.

- Door Assist Handle
- Viewing Window
- Door Slide Mode 변경 핸들
- Door Locking Indication 창
- Gust Lock Release Button
- Door Operating Handle
- Escape Slide Bustle
- Manual Inflation Handle
- Gust Lock

▲ CABIN PRESSURE에 빨간불 들어오면 Open 금지
(기내 여압장치가 작동되고 있다)

▲ A330-200/300 DOOR
내부모습

▲ Gust Lock Release 버튼

▲ Gust Lock Release 버튼(Door Latch) 누른 모습

▲ DOOR SAFETY GUARD

▲ SAFETY GUARD 접힌 모습

▲ Door Slide Mode

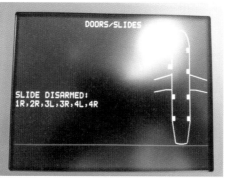

▲ 슬라이드 모드 및 열림확인창

▲ Door Assist Handle

A330 NO1, 2, 4 Door/NO3 Door 차이점

A330 Door는 L/R NO1, 2, 4 도어와 L/R NO3 Door의 슬라이드 모드 변경하는 레버가 형태상 다르게 제작되어 있다. 따라서 슬라이드 모드 변경 시 유의해야 한다. (일부 기종은 No3 Door에 Slide/Raft 기능이 있다)

A330-200/300 기종의 NO3 Door는 Slide Raft Type과 Slide Only Type 으로 나누어 구성되어 제작된 항공기가 있으니 비행 전 해당 항공기의 NO3 Door Type을 숙지하고 비행하여야 한다.

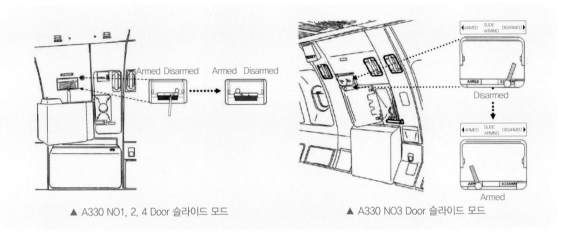

▲ A330 NO1, 2, 4 Door 슬라이드 모드　　　▲ A330 NO3 Door 슬라이드 모드

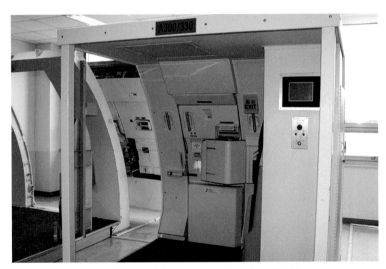

▲ 대한항공 A330 항공기 도어탈출 훈련용 MOCK-UP

탈출상황 판단 및 탈출

❶ 지시를 기다린다 → ❷ Escape Slide 팽창위치 확인 →
❸ Viewing Window 통해 외부상황 판단 → ❹ 도어 오픈 → ❺ 객실 통제

▲ A330-200/300 NO3 ESCAPE SLIDE 팽창

▲ A330-200/300 L4 ESCAPE SLIDE 팽창

- 탈출구의 도어 모드가 Armed인지 먼저 확인한다.
- Door Operating Handle을 위로 힘차게 들어올려 탈출구를 개방한다.
- 탈출구가 불량상태로 되었을 경우 다시 개방을 시도하고 탈출구가 다시 개방을 시도하였음에도 불구하고 사용불가로 판단되면 승객들을 다른 탈출구로 유도한다.

도어 슬라이드 모드(Door Slide Mode) 변경방법

객실사무장/캐빈매니저가 슬라이드 모드 변경방송을 실시함과 동시에 모든 승무원은 슬라이드 모드를 정상위치 → 팽창위치, 팽창위치 → 정상위치로 변경한다.

슬라이드 모드 변경 방송 예-KE

2017년 5월부터 대한항공에서는 기내방송을 이용한 도어 슬라이드 모드 변경방송을 실시하지 않고 객실사무장이 변경시점에 인터폰으로 전 승무원을 호출한 후, 다음 문장과 같이 도어 슬라이드 모드 변경을 지시하고 인터폰을 종료한다. 잠시 후 다시 인터폰으로 전 승무원을 호출하여 담당 승무원이 모드를 변경한 사항을 순서에 의거 도어담당 승무원이 객실사무장에게 보고하는 것으로 시행하고 있다. 즉, 객실내부, 승객은 절차에 따른 기내방송을 듣지 않게 되어

있다. 바뀌게 된 이유는 승무원이 방송을 실시하게 되면 승객이 시청하고 있는 비디오 화면이 정지되어 불편하다는 고객서신이 많이 접수되어 변경하게 되었다. 인터폰으로 슬라이드 모드 변경을 지시하는 절차는 동일하며 아래와 같다.

- 제1단계 : Cabin Crew Door Side Stand By.
- 제2단계 : Safety Check.
- 제3단계 : 객실사무장이 모든 승무원에게 인터폰 이용하여 Call 한다.
- 제4단계 : 제일 뒤편 승무원부터 'L5, L4, L3, L2 …… 이상없습니다'를 순서대로 객실사무장에게 연락한다.(항공기가 2층 구조로 되어 있는 A380인 경우 L5, L4, L3, L2, UL3, UL2, UL1 이상없습니다 …… 순으로 연락한다)

슬라이드 모드 변경 방송 예-OZ

- 제1단계 : 전 승무원은 Door Side로 위치하고 오른쪽 출입문 안전장치를 팽창(정상)위치로 변경하십시오.
- 제2단계 : 왼쪽 출입문 안전장치를 팽창(정상)위치로 변경하십시오.
- 제3단계 : 각 Door별 담당 승무원이 PA를 이용해 "출입문 안전장치를 팽창(정상)위치로 변경하고 상호 확인했습니다"라고 보고한다.

- DOOR MODE 변경 절차 철저 준수
  - 'STOP', 'THINK' and 'Arming lever 위치확인' 절차 준수
  - 반드시 CROSS CHECK 절차를 준수할 것
- DOOR OPEN 시 2인1조 작동 절차 준수
  - 특히, B737의 경우, 승객 하기순서 준수를 위해 사무장 1인이 DOOR를 작동하는 사례 금지

A330-200/300 항공기 슬라이드 모드 변경방법(A330-200 항공기 정상위치)

- A330 정상위치(Manual/Disarmed Position) : 도어 슬라이드 손잡이를 왼쪽 정상위치로 강하게 밀고 Safety Pin을 꽂는다.

❶ 슬라이드 모드 정상위치 표식
❷ Arming Lever를 정상위치로 민다.
❸ Safety Pin을 꽂는다.

❹ 실수방지를 위해 슬라이드 커버를 덮는다.

● **A330 팽창위치**(Automatic/Armed Position) : Safety Pin을 빼고 도어 슬라이드 손 잡이를 오른쪽 팽창위치로 강하게 민다.

A330 항공기 NO3 DOOR 슬라이드 모드 변경사진

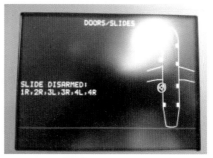

❶ 도어 팽창위치 표식
❷ 팽창모드로 변경하기 위해 슬라이드 도어핸들을 팽창 위치로 옮긴다.

❸ A330 항공기 도어모드 변경을 알 수 있는 상태 표시창. 정상모드인 경우 노란색, 팽창모드인 경우 녹색으로 표시된다.

A330 항공기 NO3 DOOR 는 일반 도어와 달리 슬라이드 모드 변경 레버가 직사각형 구조로 되어 있다. 변경절차/변경방법은 일반 도어와 동일하다.

❶ A330 NO3 도어 슬라이드 모드 변경 레버는 일반 도어와 다르게 직사각형으로 되어 있다.

Safety Pin이란?

A330/B747-400/B747-8i/A380 항공기의 도어 모드가 정상위치(Manual/Disarmed Position)에서 팽창위치(Automatic/Armed Position)로 넘어가지 않도록 정상위치 상태에서 고정핀을 삽입하여 움직이지 못하도록 하는 장치이다. 도어 모드를 팽창위치로 옮기기 위해 Safety Pin을 뽑으려면 뒤쪽의 누름쇠를 누른 상태에서 잡아 당기면 뽑힌다.

<table>
<tr><td>A330 도어 구조 설명</td></tr>
</table>

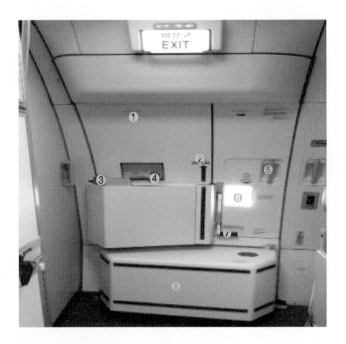

❶ Door Locking Indication : 비행기 도어가 잘 닫혔는지 표시해 주는 창
❷ 도어를 열 수 있는 방향을 안내하는 표식
❸ Gust Lock Release Button
❹ Slide Mode 변경 손잡이
❺ Door Assist Handle
❻ Viewing Window
❼ Door Operation handle
❽ Slide Bustle

비정상 상황별 항공기 비상상황 탈출유도 방식

- **객실화재, 동체화재** : 화재발생 반대편 출구로 승객을 유도한다.
- **동체착륙** : 모든 탈출구 사용이 가능하다.
- **동체 기어손상**(항공기 앞쪽이 들린 상태) : 제일 앞쪽 탈출구는 슬라이드가 지상보다 약간 들린 상태이므로 승객을 뒤쪽의 낮은 탈출구나 Overwing Exit를 이용하도록 유도하여야 한다. 하지만 A380 항공기는 앞쪽이 들린 상태일 경우 자동으로 상황을 감지하여 지상에 맞도록 자동적으로 Extention 슬라이드가 팽창된다.
- **앞쪽 기어 손상**(항공기 뒤쪽이 들린 상태) : 앞쪽의 낮은 탈출구를 이용하도록 유도한다.
- **바다에 착수** : 수면 위에 나와 있는 모든 탈출구가 사용 가능하다.

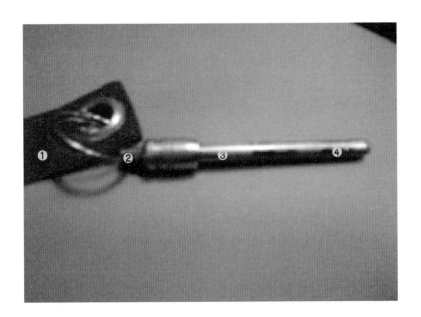

❶ Red Warning Flag(경고를 나타내는 표시 'Remove Before Flight'라고 적혀 있다.

❷ 정상위치에서 팽창위치로 변경시킬 때 세이프티핀을 빼게 되는데 이때 뒤편 튀어나온 부분을 누르고 당기면 핀이 빠진다.

❸ 본체 금속막대

❹ 세이프티핀의 잠금장치. 뒤편 튀어나온 부분을 누르면 앞쪽 튀어나온 부분이 본체(금속막대기) 안으로 들어가서 Safety Pin을 빼기 쉽게 된다.

04. GALLEY 구조 및 시설

▲ A330-200/300 항공기 표준 AFT GALLEY 주로 일반석에서 사용한다.

▲ A330-200/300 항공기 표준 FWD GALLEY 전경 주로 일등석/비즈니스 클래스에서 사용한다.

▲ A330-200/300 항공기 GALLEY 내 최신형 커피메이커

▲ A330-200 최신형 항공기 OVEN 장착모습(신형)

▲ A330-200/300 항공기 기내 오븐 작동 패널(구형)

▲ A330-200/300 GALLEY 표준 냉장고

▲ A330 GALLEY 냉장고 내부 모습

▲ A330-200/300 압축 쓰레기통 (TRASH COMPACTOR)

▲ 압축쓰레기통 내부

▲ 압축쓰레기통 작동버튼

A330-200/300 GALLEY 물 공급 차단장치

GLALLEY 내 WATER SHUT OFF VALVE는 갤리 내 누수현상이나 기타의 이상상황이 발생 시 해당 갤리에만 물 공급을 중단시키는 장치이다. 화살표 끝을 ON 위치에 두면 물 공급이 시작되고 OFF 위치에 두면 해당 갤리 내 물 공급이 완전 차단된다. 왼편 첫번째 사진과 같이 모든 비행기 내 서비스 아이템(SERVICE ITEM)은 CARRIER BOX

라는 알루미늄으로 제작된 특수 용기에 세팅되어 비행기에 탑재된다. 이용법은 비교적 간단하여 부착돼 있는 핸들을 오른쪽 or 왼쪽으로 돌리면 OPEN or CLOSE 포지션으로 바뀌게 된다. 해당 박스는 이착륙 전 항공기 TAXING 중에 반드시 시건 장치에 의해 고정되어야 한다.

▲ WATER SHUT-OFF VALVE

◀ A330 기내 서비스용품 탑재

A330-200/300 COFFEE MAKER 작동절차

비행기 내 커피는 향과 맛이 기가 막히니 한 번씩 마셔보도록 하자.

STEP**1** ▲ 사용한 커피팩 제거

STEP**2** ▲ 원두커피준비

STEP**3** ▲ 팩 개봉

STEP**4** ▲ 빈 커피랙 준비

STEP **5** ▲ 새 커피팩으로 교환세팅

STEP **6** ▲ 커피메이커에 장착

STEP **7** ▲ 고정 손잡이를 누른다.

STEP **8** ▲ BREW SWITCH 를 켠다.

A330-200/300 갤리 시설물

커피메이커와 WATER BOILER는 작동 전 반드시 AIR BLEEDING을 실시하여야 하며 서두르지 않고 여유 있게 작동하여야 오작동을 방지할 수 있다. 단, 최신형 커피메이커는 AIR BLEEDING이 자동으로 실시되니 참조바란다.(122p 그림은 최신형 커피메이커) 갤리 내 DRAIN에는 순수한 물 이외 어떠한 이물질이 있는 음료수와 커피, 라면 찌꺼기를 버리지 말아야 한다.

상기사항을 지키지 않을 시에는 DRAIN이 막혀 물이 역류하는 현상이 발생할 수 있다.

- **최신형 커피메이커** : 에어블리딩이 자동으로 되며 작동버튼이 원형이고 온수는 Tea 버튼을 눌러 사용한다.

- **구형 커피메이커** : 에어블리딩을 수동으로 실시하며 작동버튼이 사각형이다. 온수 꼭지가 옆에 부착되어 있다

- Hot Cup : 비행 중 상위클래스에서 라면,비빔밥용 북어국 같은 국물을 끓일 경우 사용하는 장치

▲ HOT CUP S/W

▲ 물차단장치(안쪽)

▲ 전용 TRAY

▲ 물공급장치

▲ 오븐 내부

▲ 오수배출구

▲ Water Boiler

▲ Water Boiler & Coffee Maker

05. 화장실 구조(LAVATORY)

A330 항공기에는 최신형 화장실이 설치되어 운영되고 있다. 화장실의 주요
설비로는 세면대, 액체비누 공급장치, 흡입형 변기, 연기감지기, 산소마스크,
쓰레기통이 장착되어 있으며 주요 설비의 사진은 아래와 같다. 환경오염을 방
지하기 위해 변기(Toilet bowl)에서 흡입된 오물은 항공기 하부의 오물탱크(Waste tank)

에 수집되어 목적지 도착 후 수거하고 세면대(Basin)에서 사용한 물은 환경오염 방지 위해 고압, 고온의 수증기로 바꾸어 외부로 방출된다.

▲ 화장실 내 비누공급장치   ▲ 세면대

▲ 오물내리는 손잡이   ▲ 화장실 SMOKE   ▲ 화장실 내 산소마스크
　　　　　　　　　　　　 DETECTOR   (감압현상 시 여기서
　　　　　　　　　　　　　　　　　　　　　산소마스크 나옴)

06. A330-200/300 객실승무원 탑승근무 시 유의사항

Service 측면

- A330-200ER 기종 제외 A330 기종의 항공기 DOOR SIDE가 타 기종 대비 유난히 추워 탑승승객의 추위에 사전 대비해야 한다. 현재 기내의 온도를 24±1도로 정하고 있으나 특히 야간 비행인 경우 객실이 추우니 사전에 온도조절에 각별히 유의해야 한다. (일부 승객은 비행기가 "이마트 신선칸처럼 춥다."는 표현을 쓴다)

- 객실승무원의 작업공간인 GALLEY가 타 기종 대비 넓지 않아 GALLEY 작업 시 서로 유의해야 한다. 특히 앉아서 작업하는 다른 승무원의 머리나 어깨에 음료수나 커피, 녹차, 뜨거운 물을 흘리지 않도록 해야 한다.

- 기내 복도(Aisle)가 다른 기종 대비 상당히 좁아 객실승무원 두 명이 왕복할 때 부딪히는 경우가 발생한다. 특히 뜨거운 음료나 차거운 음료서비스 시 유의하고 밀카트(Meal Cart)로 승객의 무릎을 치는 경우가 많이 발생하니 유의해야 한다.

- GALLEY에 설치되어 있는 WATER BOILER를 최초 사용 시 미리 AIR BLEEDING을 해놓지 않으면 뜨거운 물을 받을 때 상당량의 기포가 발생하여 승무원의 손과 안면에 화상을 입힐 수 있어 상당히 유의해야 한다. A330의 워터 보일러는 저자가 보기에 타 항공기 대비 더 높은 물의 온도를 유지하고 있다.

- 항공사별로 약간 다르지만 좌석배열이 2/4/2로 세팅될 경우 가운데열 승객의 불편에 각별히 유의해야 하며, 기내서비스 시 가운데 승객은 선제공할 수 있도록 해야 한다.

- A330-200/300 항공기의 객실 바닥이 타 기종 대비 바닥두께가 얇아 보행 시 소리가 발생할 수 있으니 유의한다. 저자의 경험으로 기내에서 보행 시 신체의 무게중심이 앞발쪽으로 실려야 울리는 소리가 덜 할 수 있다.

- GALLEY DRAIN 사용 시 물 빠짐 소리가 유난히 심하며 조금이라도 이물질이 포함된 음료를 버리게 되면 즉시 막히는 경향이 있으니 이물질이 포함된 음료(오렌지, 파인애플, 토마토…)는 화장실 변기에 버리도록 하는게 좋다.

- 승객이 Call Button을 누를 시 머리 위에서 점등되는 것이 아니라 복도 측 헤드빈에서 불이 켜져 주간의 경우 찾기가 비교적 힘들다는 것이 정론이다. 따라서 승무원 스테이션에 설치되어 있는 AIP 또는 AAP를 이용하여 좌석번호를 미리 알고 가는 것이 신속한 응대의 첫걸음이라 생각된다.

- 뒷쪽 화장실의 FLUSHING 소리가 너무 크니 소리에 놀라지 않도록 유의하자.

Safety 측면

- 광동체 항공기이며 복도가 두 개 설치되어 있으나 복도의 폭이 상당히 좁아 뜨거운 물이나 커피, 차를 제공할 때 승무원 간의 부딪힘이나 승객/승무원 간의 무의식중 충돌에 각별히 유의해야 한다.

- EASCAPE SLIDE LEVER가 비행 후 자주 어는 상태가 발생하여 착륙 후 DISARMED 포지션으로 옮길 시 정확한 동작이 요구된다. 재동작 지시가 있을 때 당황하지 말고 침착하게 행동한다.

- CREW BUNKER와 화장실의 화재감지기인 Smoke Detector가 상당히 예민하여 조금의 연기만 발생해도 감지해 경보를 울릴 수 있으니 도착 전 객실 연막소독이 필요한 스테이션에서 연막소독 실시 시 유념해야 한다.

- 객실승무원의 휴식공간인 CREW BUNKER가 화물칸 옆에 세팅되어 유난히 온도가 추울 경우가 발생하니 CREW BUNKER 사용 시 온도조절이 잘 될 수 있도록 모든 스위치의 켜짐 상태를 유의한다.

- HEAD BIN의 LOCKING 상태를 재확인해보지 않으면 착륙 시 충격으로 갑자기 열려 승객에게 상해를 입힐 소지가 여러 번 발생해 이착륙 시 한 번씩 눌러 확인해야 할 필요가 있다.

- 항공기 뒤편 좌석배열이 4열에서 갑자기 2열로 줄어드는 배열로 세팅한 항공사가 많아 뒷 GALLEY에서 앞으로 기내서비스 진행 시 승객의 좌석 등받침과 승무원의 신체 또는 Meal Cart가 서로 부딪힐 경우가 발생하니 객실승무원은 각별히 유념한다. 승객의 좌석은 한 개씩 독립적으로 설치된 것이 아니라 3개 또는 4개씩 한 번에 묶어서 설치되기 때문에 왼쪽에 충격을 가하면 오른쪽 승객도 영향을 많이 받는 것을 숙지하자.

- 항공기 PUSH BACK 후 시동걸 때 기름 냄새가 후방에서 나는 경우가 많아 브리핑 시 먼저 승무원에게 이유를 설명해 주고 승객 안내 시 유의해야 한다. 원인은 밝혀지지 않았지만 저자가 정비사와 수차례 검토 끝에 내린 결론은 엔진 시동 시 바람이 뒤에서 불어오면 배기가스가 기내로 다시 유입되는 현상이 발생해 기름냄새의 원인이 되는 듯하다.

쉬어가기 항공상식

★ 아일휠체어(Aisle Wheelchair/Transport Chair)

항공기는 편리하지만 그래도 몸이 불편하여 휠체어를 사용하는 승객에게는 넘어야 할 산이 많다. 탑승교를 통해 탑승하는 경우는 몰라도 탑승교가 없는 공항도 있다. LCC 중엔 아예 여객터미널에서 항공기까지 걸어가서 계단을 통해 탑승하는 경우가 많기도 하다. 물론 그럴 경우 승강보조 리프트 PAL(Passenger Assist Lift) 또는 경사판(램프)을 이용하게 된다.

문제는 그렇게 해서 탑승하더라도 큰 난관에 부딪친다. 입구까지는 자기 휠체어로 가더라도 거기서부터는 기내용 휠체어로 갈아타야 한다. 일반적으로 휠체어의 폭은 작은 것이 43~48cm, 큰 것은 55~60cm 나간다. 그러나 여객기 안으로 들어가면 통로를 통과하기 어려워진다. 통로의 폭이 너무 비좁기 때문이다.

그래서 아일휠체어(Aisle Wheelchair/Transport Chair)라 불리는 기내용 휠체어가 등장하게 된다. 그러나 말이 휠체어지, 뒤에 붙어 있어야 할 큰 타이어바퀴가 없고, 팔걸이도 등받이 뒤로 접혀진 그야말로 아기 유모차 수준의 초라한 것이다.

항공사에 따라서는 처음부터 폭 18인치(45.7cm)짜리 공항용 휠체어로 이동하도록 하

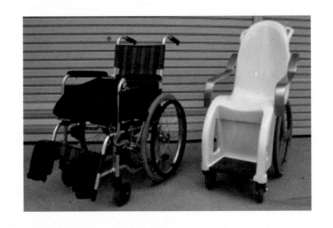

는 경우도 있다. 아일휠체어는 물론 혼자서는 움직이지 못한다. 도중에 방향전환을 할 수 없기 때문에 객실승무원이 뒷 방향으로 끌고 가줘야 한다. 아무래도 이동에 시간이 걸리므로, 탑승할 때는 다른 승객들보다 먼저, 내릴 때는 제일 마지막이 된다.

LCC에서 주로 사용하고 있는 B737 시리즈의 통로 폭은 51cm. A319/320/321기는 48cm 정도밖에 되지 않는다. 그래서 객실승무원들이 기내서비스용으로 밀고 다니는 카트도 이에 맞추어 폭이 30.2cm로 좁고 길게 설계되어 있다.

보통 좌석수 60석 이상 항공기에는 기내전용 휠체어가 1대씩 비치되어 있다. 도중에 화장실에 가거나 할 때 이용하도록 하고 있다.

최근에는 섬유강화플라스틱(FRP)을 프레임으로 사용한 세라믹스 베어링용 휠체어가 등장해, 보안검사장의 금속탐지기를 쉽게 통과할 수 있도록 만든 것도 있다. 폭이 38cm 사이즈로 탑승할 때에 바깥바퀴를 돌릴 필요가 없다. 물론 가져온 본인 휠체어는 위탁수하물로 맡기도록 돼 있다.

Galley

Emergency Exits

Lavatory

Main Cabin Door

Emergency Exits

B787-9 Dreamliner

(대한항공)

PAX Aircraft Cabin Structure

01. 항공기 특징과 제원

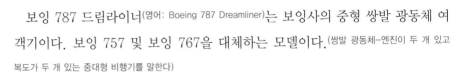

보잉 787 드림라이너^(영어: Boeing 787 Dreamliner)는 보잉사의 중형 쌍발 광동체 여객기이다. 보잉 757 및 보잉 767을 대체하는 모델이다.^(쌍발 광동체-엔진이 두 개 있고 복도가 두 개 있는 중대형 비행기를 말한다)

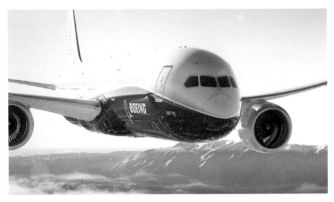

보잉사 항공기 중 최초로 동체 대부분에 고강도 탄소복합 재료를 사용한 비행기이며 개발 코드는 본래 7E7^(효율성 Efficient, 경제성 Economic, 친환경 Environment)이었으나, 2005년 1월 28일 787로 변경하였다. 역사상 가장 짧은 기간 동안 가장 많이 판매된 광동체 항공기이기도 하다. 최대 항속거리 15,700km이다. 즉, 연료가 바닥나서 추락하기까지 최장거리를 비행한다고 가정하면 서울에서 뉴욕까지 논스톱으로 운항하고 다시 태평양의 반을 비행할 수 있는 능력이 있다고 평가되고 있다. 787-9 항공기는 787-8의 동체 연장형으로, 초장거리 노선의 운영에 적합한 모델이다. 에어 뉴질랜드에서 2006년에 최초로 주문하였으며, 2014년에 인도받았다. 최초로 인도받은 회사는 전 일본공수^(ANA)이고, 2014년 8월부터 운항에 들어갔으며 잠시 동안 항공기에 탑재된 리튬이온 배터리로 인한 사고가 있어 미국의 FAA에서 운항중지명령을 내렸었고, 2017년 7월 현재는 해제된 상태이다.

대한항공은 2011년 787-8에서 787-9 모델로 주문 기종을 변경했고, 2017년 2월 24일에 첫번째 787-9를 인도받았으며 객실승무원 교육을 마치고 국내 제주노선부터 시험 운항하였고 2017년부터 본격적인 국제선 및 국내선 노선에 투입되어 맹활약하고 있다.

대한민국 국적사들 중에서는 오직 대한항공만 787-9을 주문했으며, 2017년 2월 24일에 첫번째 787-9 1대를 인도받았고 엔진은 GEnx를 채택했고 2017년 5대를 우선 도입하고 2018년 4대, 2019년 1대를 추가도입하여 총 10대의 B787-9 항공기를 보유하게 된다.

B787-9 기종의 특성은 다음과 같다.

- **경제성** : 항공기 동체가 대부분 탄소섬유(Carbon fiber)로 제작되기 때문에 내구성 향상은 물론 제작과정의 단순화가 가능해져 종래 항공기에서 보기 드문 경제성, 승객 편의성을 자랑한다.

- **생산 과정** : 탄소섬유로 제작되어지기 때문에 787 항공기의 동체는 고온, 고압하에서 여러 가지 화학 반응을 일으키게 하기 위한 내열 내압(耐熱耐壓)의 원통형 밀폐 용기, 거대한 터널 모양의 오토 클레이브(Auto clave)라는 온도를 전반적으로 일정히 유지시킬 수 있는 특수 오븐에서 구워진다.

- **승객 편의** : 보잉 787은 기내 압력이 6,000피트 수준으로 유지되고 또한 습도가 종전 항공기에 비해 40~60%에서 유지됨으로써 쾌적하고 종전의 항공기에서 흔히 겪었던 건조한 공기는 더 이상 보기 힘들어 장거리 비행 시 승객 편리를 제공한다.

- **추진력** : GE 사제 GEnX, 롤스로이스 사제 Trent 1000을 사용, 증가된 추력에도 불구, 소음은 더 적고 뛰어난 연비를 제공할 예정한다.

- **소음** : 엔진 나셀 후방부(뜨거운 배기가스 나오는 출구)의 모양을 물결모양으로 만들어서 소음을 획기적으로 줄였으며, 소음에 예민한 승객들을 더 편안하게 만들어 준다.

- **외장** : 공기역학적으로 효율적인 상태에서 나타나는 층류가 엔진 파일론에 덧칠해진 페인트로 인해 손상되는 것을 방지하기 위해 엔진 파일론이 회색의 특수 페인트로 칠해졌다.

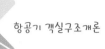

객실승무원이 알아야
될 B787-9 상세정보
(KE 기준)

제조사	보잉항공기 제작사(Boeing)
운항사	대한항공(Korean air)
취항노선	캐나다-토론토, 스페인-마드리드, 중국-베이징
항공기 길이	62.8m
최대 운항거리	11,970km
날개길이	60.1m
순항속도	912km/h
항공기 높이	17m
장착 좌석수	269석(F6 / C18 / Y245-대한항공 기준)
최소 탑승 승무원	4명
Crew Rest Area	L4 Door(침대장착수-6개)
DOOR	8개(2, 4번 도어 Double lane, 1, 3번 도어 Single lane slide/raft)
비상신호/긴급신호	5,5/ *,*(인터폰 키패드)
PO2 BOTTLE	15개
승객용 산소마스크	머리위에서 떨어짐/화학반응식
화장실	9개(F01/C02/Y06)
소화기	11개(HANON TYPE : 07/WATER TYPE : 04)
FAK/EMK/AED	4/1/1개
기내탑재 휠체어	01개
메가폰/ELT/혈압계	3/1/1개
기내창문	다른 기종보다 1.5배 크고 투명도 조절 가능
기내천장	다른 기종보다 5인치 높음
기내조명	최신형 LED 조명
총 구입대수	10대

02. 객실구조

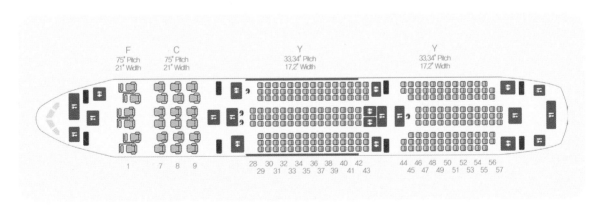

F	C	Y	Y
75" Pitch	75" Pitch	33,34" Pitch	33,34" Pitch
21" Width	21" Width	17,2" Width	17,2" Width

▲ 대한항공 B787-9 항공기 좌석배치도-총 269석(F6 / C18 / Y245, 대한항공 기준)

객실구조상 기존 항공기와의 13가지 차이점

좌석(SEAT)

상위클래스 좌석의 특이점

▲ SLEEPER   ▲ PRESTIGE SUITES   ▲ NEW ECONOMY

일등석과
비즈니스 좌석
제원

일등석	비즈니스석
좌석명칭 : Sleeper	좌석명칭 : Prestige Suites
Reclin : 180도	Recline : 180도
Pitch : 86인치	Pitch : 75인치
모니터 사이즈 : 23인치	모니터사이즈 : 23인치

일등석(Sleeper 타입), 비즈니스석(Prestige Suites 타입) 좌석은 각 787-9 항공기에 First class에 6석, 비즈니스석에 18석의 좌석을 장착하게 되며 각 클래스별 좌석의 장점은

● 창가 좌석 포함 전 좌석 승객이 기내복도 사용에 있어서 편리한 진출입이 가능하고

● 승무원이 지나가더라도 내부를 잘 볼 수 없을 정도의 높은 격벽을 설치하여

▲ Side 좌석 (86" Pitch, 20.8" Width)　　　　▲ Center 좌석 (75" Pitch, 20.8" Width)

승객 개인 프라이버시를 매우 강화하였으며

• 기존 항공기에 비해 상당히 넓은 좌석이 제공되어 편안한 휴식공간을 제공할
수 있게 하였다.

• 유의할 점은 일등석, 비즈니스석 창가좌석인 경우에는 바닥에 이중턱이 있으
므로 기내서비스 또는 승객에게 안내할 때 승무원의 발이 걸려 넘어질 수 있
으므로 주의하여야 한다.

일반석 좌석의 특이점

일반석에는 항공분야 새로운 시도인 조디악 회사의 "New Economy" 좌석
이 장착되었고 특이한 점은

- 기존 항공기에 비해 좌석 등받이에 높낮이를 조절할 수 있는 장치
- 기존 항공기보다 Leg room이 약 1인치 넓어진 점
- 개인용 모니터 화면이 일반석 기종 중 최고 넓은 10.6인치 와이드 스크린으로 설계되어 영화시청 시 매우 편리하다.
- 얇은 두께의 팔걸이가 적용된 Slim Armrest
- 일반 항공기와 다르게 리모콘으로 화면을 조절하는 것이 아니라 조절버튼이 스크린에 장착되어 있는 점
- Meal tray table이 접이식으로 되어 있고 컵홀더가 장착되어 있는 점
- 헤드폰, 이어폰 삽입하는 장치가 모니터 하단에 장착되어 있는 점이 특징이다.

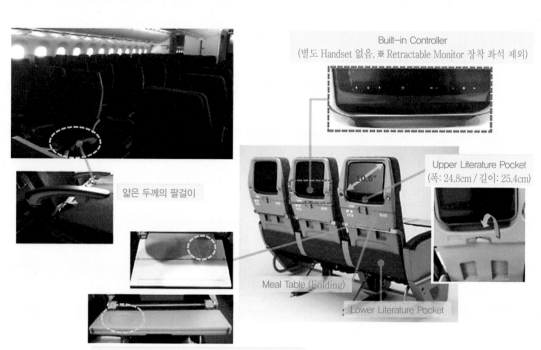

New Economy Seat (Zodiac US-Z300)

얇은 두께의 팔걸이

Built-in Controller
(별도 Handset 없음. ※ Retractable Monitor 장착 좌석 제외)

Upper Literature Pocket
(폭: 24.8cm / 길이: 25.4cm)

Meal Table (Folding)

Lower Literature Pocket

Cup holder (완전 펼쳤을 때 - 우측 상단, 절반 - 좌측)

▲ 기존 항공기와 차별화된 구명복 케이스

▲ 슬림화된 팔걸이

▲승객 콜버튼

▲ 접이식 테이블

기내압력 향상

기내압력이 기존 항공기보다 2,000피트 낮은 6,000피트로 유지되어 기존 항공기가 4만피트의 고고도에서 비행할 때 객실기압이 낮아져 피로, 어지러움, 두통 등 승객이 쉽게 지치는 현상을 개선하였다. 즉, 객실압력을 백두산 높이에서 한라산 높이로 낮추었으며 상기 증상은 항공기 승객이 기내에서 실신하는 주요한 원인으로 알려져 있어 신체가 허약

Dream Cabin

향상된 기내 압력

기내 압력이 기존 항공기보다 2,000피트 낮은 6,000피트 수준의 기압으로 유지되어, 높은 고도에서 비행할 때 기압이 낮아져 쉽게 피로해지는 현상을 개선하였습니다. 기내에서 겪을 수 있는 두통, 어지러움, 피로를 덜고 더 안락한 여행을 경험해 보세요.

Others

백두산
8,000ft*

787

한라산
6,000ft*

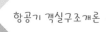

한 승객의 기내실신을 예방할 수 있게 하였다.

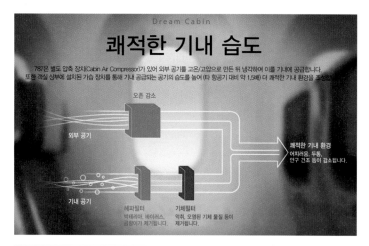

기내습도 개선

장거리 비행 시 승객의 가장 큰 고민이었던 매우 건조한 기내습도를 별도 압축장치를 사용하여 기존 항공기보다 기내습도를 약 1.5배 정도 높여 마치 지상에 있는 것처럼 쾌적하고 안정적인 기내환경을 조성한다.

더 높아진 기내천장

기존 항공기보다 약 5인치 정도 높은 아치형 천장으로 제작되어 승객들이 기내에 탑승했을 때 와.... 넓다~!! 라고 느낄 수 있다. 이는 일반 승객뿐만 아니라 특히 공황장애와 폐쇄공포증이 있는 승객에게 완전 만족감을 느끼게 하

여 비행 중 항공기의 회항률을 낮추는 데 있어서 큰 역할을 하리라 생각된다.

PSU(Passenger Service Unit)

기존 항공기에 비해 외견 및 기능이 향상되었으며 기존 항공기와 차별화된 사항은 감압현상 발생 시 자동으로 산소마스크가 Drop되어야 하나 만일 마스크가 자동으로 내려오지 않으면 기존 항공기에서는 볼펜이나 뾰족한 물건을 사용하여 산소마스크를 낙하시켰으나 787-9 항공기에서는 화살표시의 버튼을 손가락으로 누르면 손잡이(latch)가 튀

이 버튼을 누르면 손잡이가 튀어 나온다.

어나오게 된다. 이때 튀어나온 손잡이를 반시계 방향으로 180도 돌리면 산소 마스크가 Drop되게 설계되어 있다.

NO SMOKING SIGN

기존의 항공기는 머리위에 금연(No smoking)과 Fasten seatbelt 사인이 함께 있었는 데 비해 이제 항공기 내에서 금연이 당연하므로 787-9 항공기에는 금연사인이 표시되어 있지 않는 점이 특이하다.

기존 항공기는 이곳에 No smoking sign이 함께 있었다.

OVERHEAD BIN

기존 항공기에 비해 대용량 수납이 가능하다. 특이한 점은 일등석과 비즈니스석에는 Center Overhead bin이 장착되어 있지 않으며 각 클래스의 오버헤드빈이 완전히 잠가지지 않으면 그림과 같이 잠금장치가 튀어나와 있어 객실승무원, 승객 중 누구나 쉽게 알 수 있으므로 오버헤드빈 내 물체의 낙하를 방지하는 안전성에 있어서 기존 항공기와 매우 차별화된다.

Lock/Unlock 구분이 용이한 신규 O/H Bin Latch 디자인 적용

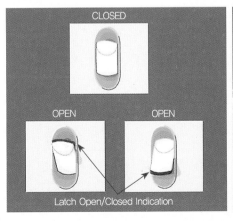

기내조명

기내의 모든 조명이(화장실 포함) 최신형 LED 조명시설로 되어 있어 모든 승객
이 장거리 비행 시 편안하고 쾌적한 느낌으로 비행할 수 있으며 객실승무원이

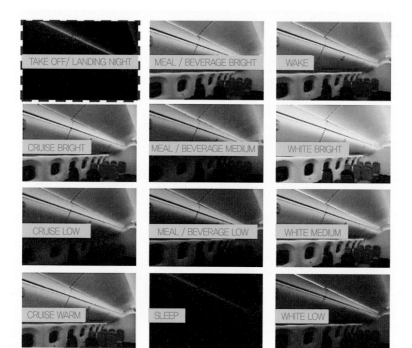

나 객실사무장에
의해 비행 중 각
단계에 따라(탑승, 순
항, 식사, 취침, 기상) 조
명을 적절하게 조
절할 수 있다.

창문

창문의 투명도를 조절할 수 있는 버튼

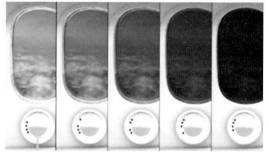

▲ 창문밝기 조절 버튼에 의한 투광도 예시

▲ 객실사무장에 의한 조절예시

　기존의 항공기는 비행기 창의 사이즈가 작아 창가 승객이 창문 밖을 보고 있으면 옆좌석 승객은 창문 밖을 보기 힘들었으나 787-9 항공기에서는 기내창문이 더 넓어져 동시에 창문 바깥의 아름다운 풍경을 감상할 수 있다. 또한 버튼 하나로 밝기를 조절할 수 있는 최신형 창문이 장착되어 있다. 따라서 기존 항공기와 달리 창문 가리개(커튼)가 없고 투명도 버튼을 조절하여 창문의 밝기를 승객 취향대로 조절할 수 있다. 위의 사진 중 제일 오른쪽이 창문 하단에 설치되어 있는 창문밝기 조절버튼이다.

　왼편 사진은 승객이 각 창문마다 설치되어 있는 창문밝기 조절버튼을 이용하여 조절한 사진, 오른편 사진은 "EDW-Electronically Dimmable Window"라는 조절장치를 사용하여 항공기 객실사무장이 이륙과 착륙시점에 승객의 의지와 관계없이 모든 기내의 창문의 밝기를 한꺼번에 조절할 수 있는 모습을 보여준다.

화장실

현대식 감응형 수도꼭지.(신체 감응형으로 손바닥이나 손등을 감지하여 자동으로 급수한다) 이러한 장치는 특히 장애인 승객에게 상당히 유용한 설비이다.

CABIN DOOR

도어창문(Viewing window)의 밝기를 조절할 수 있는 EDW(Electronically Dimmable Window)

자동 및 수동 겸용 도어오픈 장치. 대한항공이 도입한 787-9 항공기의 도어는 수동으로 열 수 있게 되어 있다. 물론 운용사의 주문에 따라 도어를 간단한 패널조작을 통해 자동으로도 도어를 오픈할 수 있는 장치도 부착될 수 있으며 도어모드레버(Door mode selection lever)가 정확히 팽창, 정상위치로 향하지 않았을 경우 경고등이 표시되어 객실승무원이 인지할 수 있다. 또한 도어에 장착되어 있는 Viewing window의 밝기도 조절할 수 있는 기능(EDW)이 도어에 설치되어 있다.

이어폰 삽입구 위치조정

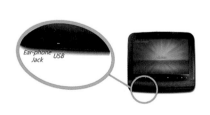

기존 모든 항공기에서 영화 시청과 음악 청취에 필요한 헤드폰/이어폰 삽입구는 좌석 팔걸이에 장착되어 있었으나 B787-9 항공기에는 좌석 모니터 아래 설치되어 있는 점이 특이하다.

또한 USB를 사용할 수 있는 장치도 함께 설치되어 있다. 일반적으로 승객들은 USB 삽입장치를 전원 공급장치인 줄 알고 잘못 사용하곤 하는데 물론 충전은 되지만 상당히 느리게 충전된다. 휴대폰, 노트북 배터리 충전장치는 좌석 아래 전원공급장치(ISPS-In Seat Power System)가 별도로 있으니 ISPS를 이용하면 일반 가정처럼 쉽고 빠르게 충전된다.

AMOD(Attendant Module)설치

AMOD란 승무원 Jump Seat 상단에 별도 공간을 마련하여 비상장비 및 기타 장비를 보관할 수 있게 만든 장치를 말한다. 기존 항공기에서 승무원들이 각종 기물, 책, 방송문 등을 보관할 장소가 마땅치 않아 어려움을 많이 겪었던 바 본 항공기에서는 이러한 객실승무원의 고충을 해결하고자 별도의 보관장치를 제작하게 되었다. 물론 비상장비나 화재진압장비도 보관할 수 있으며 객실 후방 일반화장실 2개를 통합하여 넓은 장애인 화장실로 만드는데 필요한 열쇠도 AMOD에 보관되어 있다.

AMOD(Attendant Module) : Attendant Seat과 별도 보관공간을 결합시킨 Module

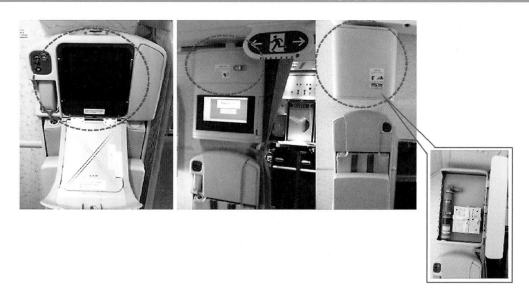

B787-9 인터폰(핸드셋) 사용방법

당 기종은 B747-8i 기종의 핸드셋과 매우 유사하게 설계되어 있으며 사용
방법은 역시 다른 보잉사 기종과 동일하게 핸드셋 내부의 다이얼패드를 사용
하거나 옆에 붙어있는 Dial code step up & down 스위치를 사용하여 통화한
다. 해당 기종의 긴급신호는 핸드셋의 *를 2회 누르면 되고 기내방송을 사용할
경우에는 46번을 누르고 PTT 버튼을 눌러 사용하면 된다. 항공기 내 스테이션

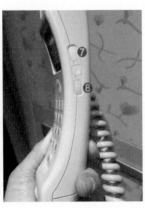

❶ 송화기
❷ 다이얼패드
❸ 수화기 : 상대편의 목소리를 청취할 수 있다.
❹ 액정화면 : 다이얼패드를 누르거나 옆의 Dial code
step up&down 스위치를 누르면 액정화면에 표시된
다.
❺ PTT 버튼 : 기내방송을 하거나 통화할 때 누르고 통
화한다.
❻ 리셋 버튼 : 통화가 끝난 경우, 방송이 끝난 경우 눌
러서 사용중지상태를 만든다.
❼ Dial code step up 스위치
❽ Dial code step down 스위치

또는 다른 갤리의 객실승무원과 통화를 원할 경우에는 왼편 도어는 1번, 오른
편 도어는 2번을 먼저 누르고 해당 스테이션을 누르면 된다(예를 들면 항공기 왼쪽 3번

D/Code	위치(기능)
4*	PA PRI ALL
46	PA ALL
54	ATT CALL
31	PILOT
55	비상신호
**	긴급신호
6*	CAB READY
41~43	PA FR/PR EY ALL
61	OFAR BUNK

째 도어 승무원과 통화를 원하면 13을 누
르면 되고 오른쪽 4번째 도어 승무원과 통
화를 하고 싶으면 24를 누르면 해당 스
테이션에 띵~동 하는 Hi Low 전화벨이
울린다). 핸드셋의 설명과 특
수한 위치와의 통화는 옆과
같다.

기내 특수위치와 통화할
수 있는 번호는 옆과 같다.

03. DOOR 구조 및 작동법

▲ 도어 잠긴 모습

▲ 도어 열린 모습

787-9 항공기의 도어는 총 8개로 구성되어 있으며 No1, No3 도어는 Single lane slide/raft 형태이고 No2, No4 Door는 Dual lane slide/raft 형태의 Escape slide가 탑재되어 있다.

정상 시 도어 열기

① 항공기 내부의 Fasten Seatbelt Sign이 Off 되었는가를 확인한다.

② 도어모드레버(Door mode selection lever)가 Green band(초록색 부분)에 위치했는가를 반드시 확인한다.

③ Door Assist Handle을 잡고 Door Operation Handle을 "Open" 방향으로 돌린다.

④ Door Assist Handle을 잡고 Door가 동체에 Gust Lock될 때까지 바깥쪽으로 힘껏 민다.

정상 시 도어 닫기

① 승무원 추락방지용인 Safety strap이 원위치되었는가를 확인한다.
② Door Assist Handle을 잡고 도어 중간에 달려 있는 Gust Lock Release Handle을 당겨 Gust Lock을 해제한다.
③ Door Assist Handle을 잡은 채로 도어를 항공기 내부 쪽으로 힘껏 당긴다.
④ 도어가 거의 닫혔을 때 Door Operation Handle을 화살표 역방향으로 힘껏 밀어 도어를 완전히 닫는다.
⑤ Door Lock Indicator에 초록색 불이 들어왔는지 확인한다.

비상 시 도어 열기

① 먼저 외부상황을 파악한다.
② 도어모드레버(Door mode selection lever)가 Red Band(빨간색 부분)에 위치했는가를 반드시 확인한다.
③ Door Assist Handle을 잡고 도어를 개방하면 자동으로 도어가 개방되며 10초 이내에 Escape Slide가 팽창된다. Manual Inflation Handle을 당긴다.
④ 펼쳐진 Escape Slide의 사용 가능 여부를 파악한다.

B787-9 항공기 도어 슬라이드 모드(Door slide mode) 변경방법

슬라이드 모드 정상위치(Disarmed/Manual position)

도어커버를 들어 올리고 도어모드레버(Door mode selection lever)를 위쪽 정상위치(Manual mode)로 올린다. 이때 도어모드레버(Door mode selection lever)가 Green Band(초록색 부분)에 위치했는가를 반드시 확인해야 한다.

Unsafe Band

도어 모드 레버(Door mode selection lever)가 Green Band(초록색 부분)에 정확히 위치하면 Indicator에 불이 들어오며, 정확히 위치하지 않으면 Indicator가 계속 깜박거린다.

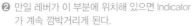

❶ 현재 사진은 정상위치에 레버가 위치해 있다.
❷ 만일 레버가 이 부분에 위치해 있으면 Indicator
  가 계속 깜박거리게 된다.

▲ 슬라이드 모드 정상위치

슬라이드 모드 팽창위치(Armed/Automatic position)

도어커버를 들어 올리고 도어모드레버(Door mode selection lever)를 아래쪽 팽창위치(Automatic mode)로 한다.

이때 도어모드레버(Door mode selection lever)가 Red Band(빨간색 부분)에 위치했는가를 반드시 확인해야 한다.

Unsafe Band

도어모드레버(Door mode selection lever)가 Red Band(빨간색 부분)에 정확히 위치하면 Indicator에 불이 들어오며, 정확히 위치하지 않으면 Indicator가 계속 깜박거린다.

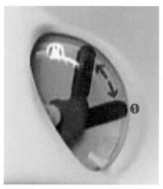

❶ 도어모드레버(Door mode selection lever)를 이곳에 위치하면 팽창위치 (Armed/Automatic position)가 된다.

▲ 슬라이드 모드 팽창위치

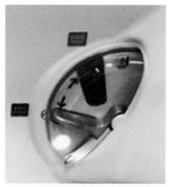

❷ 위의 사진처럼 도어모드레버(Door mode selection lever)가 Red band (빨간색 부분)에 위치한 상태가 팽창 위치(Armed/Automatic mode)이다.

● 도어 잠김상태 표시등 : 도어
의 닫힘상태가 완벽하면 아
래 사진과 같이 자물쇠 모양
의 표시등이 점등된다.

해당 도어가 완전
히 잠겨 있다는
것을 나타내는 상
태 표시등

B787-9 항공기 DOOR 명칭

❶ Door Assist Handle
❷ Viewing Window
❸ Door Locked Indicator(도어의 닫힘상태 표시)
❹ Escape Slide 압력게이지
❺ Door Operation Handle : 도어를 열고 닫을 때 사용한다.
❻ Slide Bustle : Escape Slide가 내부에 탑재되어 있다.
❼ Gust Lock Release Lever : Gust Lock상태인 도 어를 분리하기 위해 사용한다.
❽ Door Mode Select Panel : 787 기종에는 Safety Pin이 없다.
❾ Window Dimming Control Switch(Viewing Window의 밝기를 조절한다)

04. 갤리(Galley) 구조

B787-9 항공기에는 최신형 항공기답게 현대식 주방설비가 갖추어져 있다. 갤리의 주된 구성요소인 오븐은 습식 및 디지털 방식으로 작동되고 다른 기종과 동일하게 커피메이커, 핫컵(Hot cup), 하수구(Water drain), 수돗물 공급장치, 수돗물 차단장치(Water shut off switch) 및 쓰레기 압축기(Trash compactor)가 설치되어 있다. 아래는 타 기종에 장착되지 않은 787-9 항공기만의 갤리설비이다. 이제 아래와 같이 최신형 갤리 장비에 대해 알아보기로 하자.

GWIV(Gray Water Interface Valve) Manual Override 스위치 장치

갤리에서 물을 버리는 배수구의 막힘증상을 Vacuum을 이용하여 뚫을 수 있는 장치

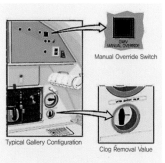

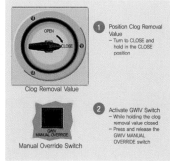

Galley Interlock 스위치 장착

토글(똑딱이)스위치를 위로 올리면 갤리에 장착된 오븐만 작동하고 물끓이는 장치는 작동하지 않게되며 아래로 내리면 오븐은 작동하지 않고 물끓이는 장치만 작동된다.

갤리 내 할당된 최대 소비 전력 초과방지를 위한 스위치로서 오븐과 물끓임 장치(Water boiler) 중 한 개를 선택할 수 있게 하였다.

신사양 Serving 카트 탑재

기존 항공기의 서빙카트에는 날개부분이 없어 자체 면적을 넓히지 못하는 데 비해 787-9 항공기의 서빙카트는 날개가 펼쳐져서 넓게 사용할 수 있다.

Serving Cart 최상단에 접이식 면적 추가하여 사용 면적 확장하여 사용 가능

카트 상단에 접이식 면적을 추가하여 사용면적을 늘일 수 있다.

신 사양 스팀오븐 장착

기내식의 건조함을 막기 위해 증기를 이용하여 가열할 수 있는 오븐

- 3가지 Temperature 선택 가능 (Low: 130도, Medium: 150도, High: 170도)
- Temperature 선택 → Convection 또는 Steam Mode 선택 (Low, Medium 온도 설정에서만 Steam 모드 사용 가능하며, High 온도 설정 시 Steam 모드 불가)
- Heating Time Setting 후 작동

※ 특징
- Primary 및 Secondary Latch를 동시에 당겨야 Door Open 가능
- Door 우측 상하단에 Locking Indicator 있음. (Door Locking을 표시하는 Green 색깔을 확인 후 Oven 작동시킬 것!

❶ Oven Door ❷ Oven Contorol Module ❸ Door Locking Indicator
❹ Primary Latch ❺ Secondary Latch ❻ Door Locking Indicator

787-9 항공기 기본 갤리 상세설명

❶ 기물, 서비스용품 보관소
❷ 디지털 오븐 작동장치
❸ 커피메이커
❹ Extension shelf : 갤리에서 작업할 때 잡아당기면 선반이 늘어나는 장치
❺ 기내식 및 음료카트 보관소
❻ 핫컵 : 상위클래스 라면, 떡국, 북어국 등 국물을 끓일 때 사용하는 장치
❼ 하수구 : 물 버리는곳
❽ 수돗물 차단 스위치
❾ 비상용 전원차단 스위치
❿ 비상벨

O5. 화장실(Lavatory) 구조

❶ 옷을 갈아입을 수 있는 선반(Dress changing table)

❷ 전자 감응식 물공급 스위치

❸ 초록색 승무원 호출버튼

B787-9 항공기 화장실 구조 역시 기존의 항공기와 특별하게 달라진 점은 없다. 하지만 오물탱크 용량의 증가와 화장실도 객실과 같이 최신형 LED 조명시설로 되어 있어 편안하고 쾌적한 느낌으로 사용할 수 있으며 전자감응식 수도꼭지를 장착한 점이 특징이다. 또한 B ZONE 최후방 화장실은 장애인이 사용할 수 있도록 편의시설을 증량하였고, L3 도어 근처에는 여성 우선 화장실(여성에게 먼저 사용권이 있는 화장실로서 여성승객 사용 후 남성승객도 사용 가능하다)이 배치되어 있다. 또한 화장실 내부에서 승무원 호출 시 외부의 알림 표시등이 B747-8i 항공기와 동일하게 초록색으로 장착한 것이 눈에 띈다.

기존 항공기와의 차이점은 아래와 같다.

- Touch/Touchless Toilet Flush 스위치 적용
- 여성우선화장실은 L3 door 부근에 위치

- 장애인용 화장실은 B ZONE 최후방에 설치^(일반 화장실 내부 격벽을 통합하여 넓게 사용)
- 기저기^(Diaper)교환대는 모든 화장실에 설치
- 옷을 갈아입을 수 있는 선반^(Dress changing table)이 있는 화장실은 R1, L2 도 어 부근 화장실 내 설치

일반화장실을 장애인용으로 개조

장애인 화장실 격벽 Open용 Key

No.3 Door 가운데에 위치한 장애인용 화장실 격벽 Open용 Key 위치

L1 Door 부근 전방 Jumpseat Headrest 보관공간 내부에 Pouch를 부착하여 그 안에 장애인 화장실 격벽 Open용 Key 보관 예정

일반화장실을 장애인용으로 넓게 개조하기 위해 서로 붙어있는 일반 화장실을 벽을 터고 넓혀야 하는데 벽을 움직이기 위해서는 열쇠가 필요하다. 위의 사진은 화장실 격벽 확장용 열쇠를 보관하는 위치가 객실사무장 스테이션이며 보관장소와 개폐방법을 보여준다.

06. 그 외 다른 기능

CAP(Cabin Attendant Panel)

L1, L2, L4 도어에 설치되어 있으며 객실 조명조절기능, 모든 객실승무원 호출기능, 기내온도 조절기능, 승객의 창문밝기 조절기능, 음용수탱크용량 표시기능을 수행할 수 있다.

▲ L1 DOOR CAP 모습

CABIN ATTENDANT PANEL

⊙ CAP (Cabin Attendant Panel)
 - FWD L1, FWD L2, AFT L4

CAP Control Menu

(LIGHTING)

☞ CAP 위치 : L1, L2, L4

1. 주요 LIGHTING 종류
 - CABIN SCENE : Mood Light Scene, 4 AREA
   FR, PR, EY FWD, EY AFT
 - ENTRY WAY : Mood Light Scene, 4 AREA
   DR 1 Ring, DR 1 Entry, DR 2 Arch, DR 4 Entry
 - GALLEY : Mood Light Scene, 4 AREA
   GLY 1, GLY 2, GLY 3, GLY 4
 - Door : 2 AREA (DR 2 L/H, DR 2 R/H)

(ATTENDANT CALL)

2. ATTENDANT CALL (Area 사전 선택 시 용이)
 - SERVICE CALL : 4개 Area (Seat/Lavatory 구분)
   Seat/Lav 전체 Reset (개별 Reset 불가)
 - CHIME CONTROL BY AREA/SEAT
   Area/seat 선택하여 CHIME CONTROL 가능
   (Enable/disable)

(Galley Chiller)

3. TEMPERATURE (4 AREA)
 - CABIN TEMPERATURE
   • Area 별, Actual / Target 온도 DISPLAY됨
   • ▲▼ 이용 TARGET 온도 조절 (SET)
   ※ 기내 적정온도 확인 (24±1) 조절
 - GALLEY CHILLERS (신규 기능)
   • Galley Chiller 상태 모니터/작동

※ 하기 직전 Galley Refrigeration System CTL
   & Status 내 Off 버튼을 반드시 누를 것!

 - GALLEY HEATERS (신규 기능)
   • 각 Galley의 편안한 업무환경 조성을 위해
     Heater를 통해 Galley 내 온도 상승 가능
 - HEAT REDUCTION (신규 기능)
   • Door Closed된 상태에서 10분 이상
     Actual 온도가 Target 온도보다 2도 이상
     높은 상태로 지속 시 Heat 발생장비를 dim
     또는 off하여 기내온도를 낮추는 기능
     (혹서기 기내온도 조절 어려울 시 사용 가능)

(Galley Heater)

(Heat Reduction)

※ 수행 시 결과 (Entry, Galley, Work lights 제외)
 • Overhead ceiling 및 Crew rest 하단 lights
   Dim (승무원 조절 가능)
 • inboard ceiling and sidewall lights Off
 • Darkest Window 조치 (승객 조절 가능)
 • 모든 reading lights (승객 조절 가능)

※ **Return 버튼** 누르면, Reading Light 및 Window
   원상 복구 불가/수동 조절 필요

CAP Control Menu

(DIMMABLE WINDOW)

4. DIMMABLE WINDOW (신규 기능)
 - CAP에서 AREA별로 Window Shade를
   Clearest~Darkest로 5단계 조절 가능
   (Clearest : 최상단, Darkest : 최하단 Indicator)
 ☞ CAP 위치별 Area pre-selecte됨.
   • CAP L1 : FR(L/R), CAP L2 : PR(L/R)
   • CAP L4 : EY FWD(L/R), EY AFT(L/R)
 - CAP에서 AREA별로 Window를 일괄적으로
   Lock & Unlock 조절 가능
 - CAP 내 Dimmable Window
   → Window Control by Area 또는
     Window Status → Area/좌석별 Window
     투명도 단계 조절 및 lock & unlock 가능

(WASTE TANK STATUS)

5. WATER/WASTE TANK STATUS
 - LAVATORIES / GALLEY SINKS
   : 각각 WASTE TANK 용량 실시간 확인 및
     화장실 사용 유/무 (VACANT / OCCUPIED)
 - GLY SINK/LAV OCCUPIED 여부 상태 확인
 - WASTE TANK SYSTEM 1 / 2 (RIGHT)
   오물 용량 확인 (EMPTY, 25/50/75%, FULL)
 - Potable Water 잔량 확인 가능
   (F/T -2+·90G/-8H·210G/-10H·270G/10H·270G)

(CABIN OCCUPANTS)

6. ADDITIONAL STATUS AND CONTROL
 - CABIN OCCUPANTS (신규 기능)
   승무원이 지상에서 항공기 출발 Push back
   전 좌석점유 승객 숫자 입력 시 자동으로 Air
   를 조절하여 기내 습도를 높이고 항공기 사
   용전력 및 연료 소모를 절감하는 기능

   • **항공기 Push back 전 아래 내용 입력 요망!**
   • SEAT COUNT (최대 입력 가능 숫자 : 281
     (승객 Max 269석 + 객실승무원 Jumpseal 12)
   • Actual 탑승객 수 입력
     (좌석 미점유 INFANT 수 제외)

 - DOOR STATUS
   ※ Door 상태는 항상 ATT Call을 통해 우선 확인
     (LOCKED/UNLOCKED/ARMED/DISARMED)
 - DISPLAY CONTROLS
   • Panel Backlight 밝기 선택 조절
   • Lockout : Screen Clearing / Adjust 용도

ASP(Attendant Switch Panel)

ASP는 모든 도어 객
실승무원 스테이션에
설치되어 있으며 비상
등 테스트, 탈출신호작
동, 승객의 창문밝기
조절기능을 수행한다.

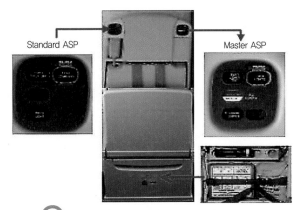

Standard ASP   Master ASP

○ ASP (Attendant Switch Panel)
  - Master ASP (L1 FWD)
  - Standard ASP (그 외 11개)

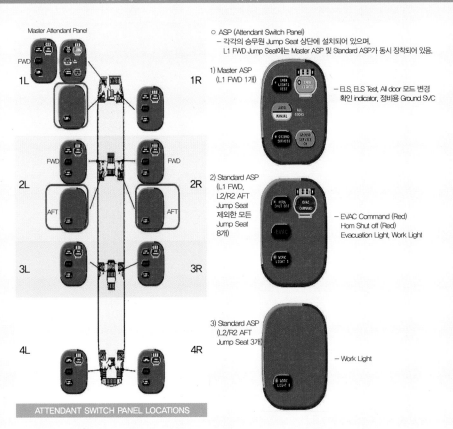

789E 내 Attendant Switch Panel 위치 (Crew Bunk ASP 제외)

Master Attendant Panel

FWD

1L   1R

FWD   FWD

2L   2R

AFT   AFT

3L   3R

4L   4R

ATTENDANT SWITCH PANEL LOCATIONS

○ ASP (Attendant Switch Panel)
  - 각각의 승무원 Jump Seat 상단에 설치되어 있으며,
    L1 FWD Jump Seat에는 Master ASP 및 Standard ASP가 동시 장착되어 있음.

1) Master ASP
   (L1 FWD 1개)
   - E.L.S, E.L.S Test, All door 모드 변경
     확인 indicator, 정비용 Ground SVC

2) Standard ASP
   (L1 FWD,
   L2/R2 AFT
   Jump Seat
   제외한 모든
   Jump Seat
   8개)
   - EVAC Command (Red)
     Horn Shut off (Red)
     Evacuation Light, Work Light

3) Standard ASP
   (L2/R2 AFT
   Jump Seat 3개)
   - Work Light

VCS(Video Control System)

기내 비디오를 조정할 수 있는 기능으로 L1, R4 Door에 장착되어 있다.

Video Control System (VCS) : L1

☞ IFE 제작사 : Thales사 Avant

• Audio Jack
& USB Ports
• PC Power Outlet

IFE/PASS CAB
SEATS UTIL
ON ON
OFF OFF

○ Video Control Station (VCS) : L1
– iCMT, Audio Jack, USB Ports, IFE Power Switch, Keyboard 등 구성됨.
– 상단 : IFE Power Switch (VCS, AVOD 전원 일괄 제어)
※ 승객 좌석 ISPS (PAX PED) 전원은 789E 특성상 지상에서 엔진 작동 전까지
전원 ON 불가하여 사전 작동 여부 확인 불가 (정비본부와 대체절차 협의 중)
이륙 후 Seat Belt OFF 시 ON하여 서비스하고 착륙 전 OFF
☞ 전 클래식 좌석 ISPS 전원 ON 방법 :
VCS 내 IFE Power 스위치 ON 후 iCMT 메뉴에서
Seat Control – PED Power Status – ALL PED PWR ON
※ 모든 클래스 ISPS를 ON하기 위해서는 VCS 내 IFE Power 스위치 Plus 후
iCMT 메뉴 – Seat Control – PED Power Status에서 FR/CLS 선택
→ ALL PED PWR ON → PR/CLS 선택 → ALL PED PWR ON
→ EY/CLS 선택 → ALL PED PWR ON 선택/ISPS OFF 방법은 역순

IFE Power
Cooling Loss
Work Light

IFE Power Switch
: 전원 On/Off
(VCS 객실 내 AVOD 및 ISPS)

Colling Loss Indicator
: System Cooling 불가 시
IFE 시스템 보호를 위해 시스템
Shut Down되며, Indicator On

1st VCS 내 IFE Power 내 E push!

OFAR(Overhead Flight Attendant Rest−Crew Bunk)

운항승무원용 OFAR은 L1 Door 천장부근에 설치되어 있고, 객실승무원용
OFAR은 L4 Door와 갤리 사이에 위치하고 있으며, 6개의 침대와 2개의 탈출
구가 설치되어 있다. 즉 다른 항공기의 승무원 휴게실, Crew Rest Area(BUNK)
와 동일한 구조물인데 787-9 항공기에서는 OFAR이라고 부른다.

B787-9 항공기의 OFAR은 출입 시 또는 휴식이 끝난 후 계단을 이용하게
되는데 경사가 급하므로 반드시 핸들을 잡고 이동해야 한다.

OFAR 내부가 매우 협소하여 낙상의 위험이 있으니 주의하도록 한다.

▲ OFAR 출입문-L4

▲ 객실승무원용

▲ 운항승무원용

장애인용 화장실

B 존 제일 후방의 화
장실은 장애인용으로 사
용 가능하며 장애인의
편의를 위해 두 개의 화
장실을 합쳐 사용할 수
있는 기능이 있다.

장애인 화장실 격벽 Open용 Key

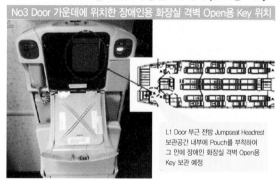

No3 Door 가운데에 위치한 장애인용 화장실 격벽 Open용 Key 위치

L1 Door 부근 전방 Jumpseat Headrest
보관공간 내부에 Pouch를 부착하여
그 안에 장애인 화장실 격벽 Open용
Key 보관 예정

조종실(Cockpit) 방탄문

운항 중 조종사 및 기체의 안전
성을 보장하기 위해 조종실 입구
에 방탄문이 설치되어 있다.

운항 중 밖에서 문을 두드리거나 인터
폰을 하면 조종사가 외부를 감시하기
위해 만들어 놓은 외부감시확대경

07. B787-9 객실승무원 탑승근무 시 유의사항

(보유 항공사: 대한항공)

Service 측면

- 커피메이커 장착대수가 부족하여(전체 객실 내 8대의 커피메이커만 장착됨) 서비스 준비 시 커피를 앞뒤 갤리에서 가져다 써야 하는 상황이 발생한다. 따라서 탑승 근무하는 승무원은 사전 충분한 커피를 확보한 후 기내서비스 준비에 임하여야 한다.

- 기내방송 시 PA 울림(하우징)이 상당히 크다. Airbus 항공기와 같이 수화기를 어느 정도 떨어뜨리거나 휴지 등으로 감싸고 방송하지 않으면 숨소리 및 파열음이 크게 들려 주의가 필요하다.

- 승객 탑승 시 BGM의 볼륨이 탑승 시와 하기 시 일정하지 않아 그때마다 볼륨을 조정해야 하는 불편이 있다.

- EY/CLS 승객이 콜버튼을 누르면 앞쪽(28번에서 39번열)아일에서는 콜소리가 전혀 들리지 않아 승무원들의 주의가 각별히 필요하다. 콜소리는 L3, R3 도어 근처에 가야 들린다. 따라서 앞쪽에 근무하는 승무원은 항상 승객의 Call Light에 유념하면서 서비스해야 한다.

- 일반석 갤리별 냉장고 크기가 작아 음료가 충분히 들어가지 않는 경향이 발생하여 비행 전이나 서비스 전 냉장음료를 준비해야 할 때는 드라이아이스 충분량 이용하여 냉장해야 한다.

- 일반석 헤드폰 꽂는 구멍(HOLE)이 스크린 아래에 위치해 있어 창측 승객이 화장실이나 기타 용무로 이석을 할 경우 옆좌석 승객도 전부 헤드폰을 뽑아야 나올 수 있으므로 불편한 사항이 존재한다.

Safety 측면

- 승객 탑승 시 L2 Door만을 이용하여 탑승하는 경우가 많은바 No.1 Door 공백 방지를 위해 객실사무장은 항상 앞쪽 도어 스테이션에 객실승무원은 할당하여 임무를 수행하게 하여야 한다.

- Manual Demo 시 승무원이 승객(46E) 가시권 밖에 위치하여 항공기 이륙 전까지 담당 승무원은 해당 승객에게 개별 브리핑을 실시하여야 하고, 따라서 모든 객실승무원은 Safety Demo Video 상영 시, Galley 업무를 지양하고 Door Side에 Stand-By하여 승객 가시권 내 위치하여야 한다.

- 목적지 공항에 도착하여 도어 오픈 후 항공기와 Gate 또는 스텝카의 높이 차이가 크다는 정보를 듣고 비행에 임하였으나 공항마다 달랐다. 그러나 승객 하기 시 발밑을 항상 유의하여야 하는 것은 틀림없다.

- L1 도어 손잡이 달린 박스가 유난히 크고 튀어나와 있어서 도어 오픈 시 다른 기종에 비해 공간을 차지하는 부분이 크다. 따라서 승무원이 주의하고 안내하지 않으면 승객들이 하기 시 부딪혀 승객의 신체나 소지품에 위해를 가할 수 있다.

- 국내선 근무 시 R1에는 승무원이 배정되지 않기 때문에 착륙 후 승객이 R1 도어 근처에 위치한 화장실에 들어가는 것이 보이지 않아 주의가 필요하다. 실제 객실사무장이 착석한 L1 Door에서는 중간에 운항승무원 OFAR(벙커)로 시야가 완전히 가려 보이지 않는다.

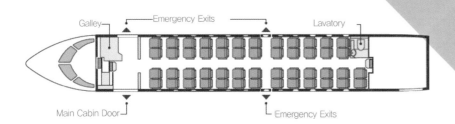

Galley

Emergency Exits

Lavatory

Main Cabin Door

Emergency Exits

B777-200/300

(대한항공, 아시아나항공, 진에어)

PAX Aircraft Cabin Structure

01. 항공기의 특징과 제원

B777 기종은 최대 500석까지 갖춘 쌍발 기종 중 가장 규모가 큰 비행기로 기존의 보잉 747 기종과 보잉 767의 중간 크기인 좌석 300석에서 400석까지 규모의 여객기에 대한 수요를 충족시키기 위하여 개발되었다. 원래 수요가 많은 대서양 항로에 취항 중인 보잉에서 보잉 767의 확장형을 계획하였다. 그러나 좁은 보잉 767의 동체를 그대로 활용하여 대형 기체를 만드는 데에 있어 어려움에 부딪힌 보잉 사는 30년이 지난 구식 모델인 보잉 747 기종과 보잉 767 확장형을 개량하는 대신에 새로운 중형의 보잉 기종을 개발하기로 결정하였다. 그리하여 다른 항공기 제작에서 한 번도 시도된 적이 없는 최첨단 컴퓨터 디자인 방식과 이른바 페이퍼리스 디자인(paperless design)을 채택하여 1990년부터 설계를 시작하였다. 설계에서는 특히 시장 수요와 고객의 욕구를 최대로 충족시킬 수 있는 항공기를 디자인을 하는 데 가장 큰 비중을 두었다. 그 결과 객실의 공간이 넓어졌고 객실의 구조도 필요에 따라 융통성 있게 변화시킬 수 있게 되었으며 운항비용도 크게 절감되었다.

B777-200/300 제원

- 엔진(3가지 옵션) : P&W 4000/GE 90/RR Trent 800
- 구성(좌석배치) : 2개의 통로를 따라 6~10석의 좌석이 나란히 배치
- 순항속도 : 893km/h
- 최대항속거리 : 10,371km
- 상승고도 : 36,400ft
- 연료 탑재량 : 45,200gal
- 최대이륙중량-기본 : 263,084kg
- 최대이륙중량-HGW : 293,928kg
- 전체 길이 : 73.9m
- 날개 길이 : 60.9m
- 높이 : 18.5m
- 좌석 : 368~550석
- 화물용량 : 214m^3

BOEING 777-200

▲ 아시아나항공 B777-200

▲ 아시아나항공 B777-200 객실모습

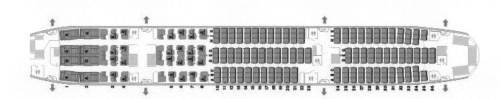

▲ 아시아나항공 777-200 좌석배치도

대한항공 B777-200 항공기

▲ B777-200 객실 일반석

▲ 대한항공 B777-200

B777-200 ▶   ◀ B777-300

Engine#1   Engine#2   Engine#1   Engine#2

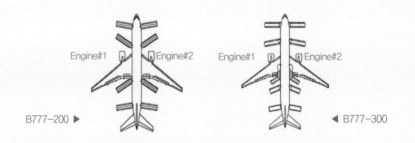

8F	28C	122Y	103Y
83" Pitch	60" Pitch	33~34" Pitch	33~34" Pitch

G : Galley   S : Stowage   C : Closet   A : Attendant Jump Seat
◆ : LCD Monitor   ◉ : Baby Bassinet   ◎ : Crew Bunk   ☎ : Telephone

▲ B777-200 좌석배치도(KE)

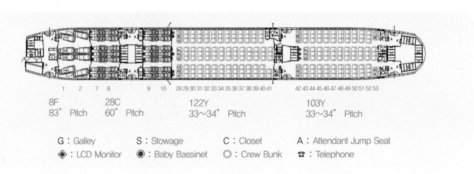

8F	28C	109Y	103Y
83" Pitch	74" Pitch	33~34" Pitch	33~34" Pitch

G : Galley   S : Stowage   C : Closet   A : Attendant Jump Seat   ◆ : LCD Monitor   ◉ : Baby Bassinet   ☎ : Telephone

▲ B777-200ER 좌석배치도(ER-Extended Range의 약자) (KE)

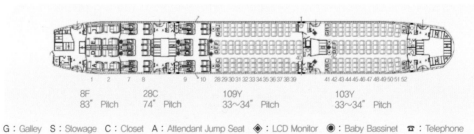

B777-300/ER (EXTENDED RANGE)

▲ B777-300WS

▲ B777-300WS
객실 일반석 배치도

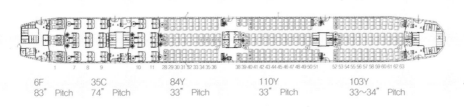

6F	35C	84Y	110Y	103Y
83" Pitch	74" Pitch	33" Pitch	33" Pitch	33~34" Pitch

G : Galley S : Stowage C : Closet A : Attendant Jump Seat ◆ : LCD Monitor ◉ : Baby Bassinet ☎ : Telephone

▲ B777-300 좌석배치도(KE)

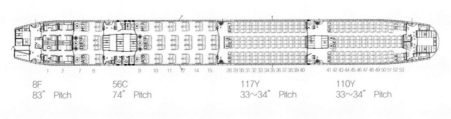

8F	56C	117Y	110Y
83" Pitch	74" Pitch	33~34" Pitch	33~34" Pitch

G : Galley S : Stowage C : Closet A : Attendant Jump Seat ◆ : LCD Monitor ◉ : Baby Bassinet ☎ : Telephone

▲ B777-300ER 좌석배치도(ER-Extended Range의 약자) (KE)

B777-200/300과 ER 버전의 차이점

- 일반적으로 B777-200은 B777-300에 비해 동체 길이가 짧다. 따라서 777-200은 동체 좌우에 Door가 8개이고, 777-300 기종은 10개이다.
- 777-200/300 기종인 경우 일반석 좌석배열이 모두 3-3-3으로 배치되어 있으나 3-5-3 배열도 있다.
- 최신버전인 ER 기종은 보통의 기종과 엔진이 다르며, 항속거리가 월등히 길다.
- 777-200 기종과 300 기종은 AFT GALLEY가 상이하다.
- 모든 777 기종의 주익 끝 절단면 모양이 일반형과 ER 버전이 동일하다.

B777 항공기 E&E Compartment 소개

E&E Compartment란 Electric and Electronic 공간을 의미하며 항공기의 모든 조종장치, 무선장치, 객실장치를 총괄하는 공간이다. 항공기의 제일 앞쪽 Door 와 조종실 사이 지하층에 설치되며 객실승무원은 비행 중 출입이 절대 금지되어 있다.

▲ E&E 비행조절장치

▲ E&E 장치 및 계단

▲ E&E 산소공급장치

02. 객실구조

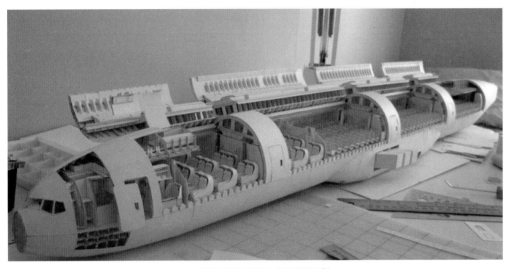

▲ 나무로 만든 B777-200 객실모형

대한항공 보유 B777-200/300 항공기 표준좌석

F/CLS(772s/77WS, Kosmo Suites)

- 장착 좌석 : 8석
- Pitch : 83″
- Recline : 180°
- 23″ LCD Monitor
- ISPS 이용 가능

F/CLS(772k, Kosmo Sleeper)

- 장착 좌석 : 8석
- Pitch : 83″
- 15.4″ LCD(3000i) : Touch Screen 불가
- 17.0″ LCD(eX2) : Touch Screen 불가
- ISPS 이용 가능

F/CLS(773Q, Sleeper)

- 장착 좌석 : 6석
- Pitch : 83″
- Seating Space : 20.5″
- 17″ LCD Monitor
- ISPS 이용 가능

C/CLS(772k, Prestige Plus)

- 장착 좌석 : 28석(772k)
- Pitch : 58~60″
- Recline : 167.5°
- 10.4″ LCD Monitor
- ISPS 사용 가능

C/CLS(772s/77ws/773Q PrestigeSleeper)

- 장착 좌석 : 28석(772s), 56석 (77WS)
- Pitch : 60″
- Recline : 180°
- 15.4″ LCD Monitor
- ISPS 이용 가능

Y/CLS(Y/CLS Normal Seat)

- 장착 좌석 : 225석(772K), 212석(772s), 297석(773Q), 227석(77WS)
- Pitch : 33~34″
- Recline : 118°
- Seating Space : 17,14″
- 8.4″ LCD(Touch Screen), 리모컨 사용
- PC Power(115V AC)

B777 객실조절장치 CSCP(Cabin System Control Panel)

터치 스크린 방식으로 객실사무장/캐빈매니저가 착석하는 L1에 설치된다.

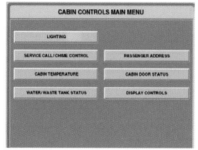

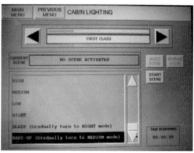

B777-200/300 항공기의 CSCP(Cabin System Control Panel)와 CACP(Cabin Area Control Panel)의 차이점

둘 다 기능은 똑같지만 CSCP는 L1에만 설치되어 있고, CACP는 B777-200 인 경우 L2, R4에서, B777-300인 경우 L2, R4, R5에서 Panel Overide 기 능을 사용하여 CSCP의 기능을 할 수 있는 장치를 말한다.

TIP Panel Overide 기능

CACP의 경우 L2, R4, R5 주변만 조절하게 되어 있으나 이 기능을 사용하면 전체 객실을 조절할 수 있다.

CSCP 화면조절 모습

▲ 객실조절창 화면

▲ 조명조절

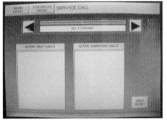

▲ 승객콜 조절창

▲ 객실온도 조절

▲ 현재 객실의 오물탱크 잔량

▲ 현재 객실사용하는 음용수 잔량

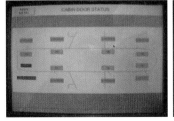

▲ 객실도어의 잠김상태

▲ 방송음량 조절상태

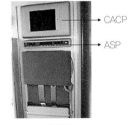

▲ CACP

- CACP : 터치 스크린 방식이며 기능은 CSCP와 같으나 Panel Overide 기능이 추가되었다. 항공기 L2, R4 Door에 설치되며 777ws 항공기에는 R5에도 설치되어 있다.

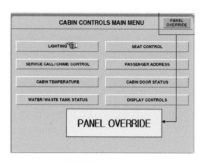

▲ CACP Panel Overide

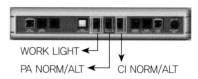

WORK LIGHT

PA NORM/ALT ◀ ▶ CI NORM/ALT

- All Station과 Crew Rest Area에 설치되어 있다.
- Work Light Jump Seat 주변의 작업 등이다.
- PA 고장 시 PA NORM/ALT Switch를 On하여 PA 시스템을 작동시킨다.

▲ ASP(Attendant Switch Panel)

AVOD MASTER POWER SWITCH

AVOD SYSTEM을 OFF하기 위해서는 반드시 시청하는 구역의 승객에게 먼저 양해를 구하고 기내 방송을 통하여 AVOD OFF가 된다는 공지를 실시하여야 하며 정해진 절차와 순서에 따라 AVOD OFF 위한 Master Power Off 작업을 수행하여야 한다.

※ MASTER POWER SWITCH Off는 108p 참조
※ AVOD(Audio Video On Demand)

▲ 기내 설치된 AVOD SYSTEM의 POWER를 OFF하는 방법(Master Power Off)

B777 항공기 좌석에 설치된 전기공급장치 ISPS

▲ (IN SEAT POWER SYSTEM) FR/PR/EY

ISPS(In-Seat Power System)란?

- 비행 중 핸드폰 등 승객의 전자기기에 전기를 공급하기 위해 승객 좌석에 설치된 전기공급장치를 말하며, 상위클래스에는 전좌석에 장착되어 있고, 일반석에는 좌석 열단위에 1개 정도 설치되어 있다.

- 다양한 형태의 전원 플러그도 사용할 수 있도록 Multi Access Type 컨넥터로 되어 있고 제공되는 전력은 110v AC 전력이며, 각 좌석당 제공 가능한 전력은 100VA로 제한된다.

- 항공기에서 제공할 수 있는 최대전력을 초과한 경우 일부 좌석에서는 전기가 공급되지 않을 수도 있다.

- 통로측 좌석 하단에 사용 중임을 나타내는 푸른색의 등이 있어서 ISPS를 사용할 경우 푸른색 등이 켜져 사용 여부를 확인할 수 있다. 또한 접지가 필요한 휴대용 전자기기는 사용할 수 없게 되어 있다.

- 객실승무원은 이륙 후 일정부분에 설치되어 있는 공급전원스위치를 켜야 승객이 이용할 수 있으니 주의한다.

- 항공기 이동, 이착륙 시에는 사용할 수 없다.

B777-200/300 승객 머리 위 벨트사인(FASTEN SEAT BELT SIGN)

BULK SEAT이란?

항공기 상위클래스와 일반석을 구분하는 벽이나 구조물 바로 앞의 좌석을 말하며 주로 유아동반승객에게 제공되어 아기요람을 장착할 수 있는 설비가 설치되어 있다.

▲ Bulk seat에 장착된 아기요람

아기요람 배시넷 설치방법

Bassinet 설치방법	• Do Not Open Tab을 올린 후 돌출된 단추를 누른다. • Bassinet의 평행을 유지하며 Wall Fitting에 완전히 넣는다. • Do Not Open Tab을 원위치, 철제 Plug에 안전덮개를 씌운다.

Bassinet 사용규정

- 이·착륙 시에는 절대 사용할 수 없으며 기체요동 시 어린이를 반드시 안고 있어야 한다.
- 항공사의 허용규정에 절대적으로 준수하여야 한다.

B777 방송 시 사용하며 승무원끼리 통화할 때 사용하는 인터폰

통화방법

- 정해진 두자리 숫자를 누른다. (사무장 스테이션으로 통화할 경우 11: 처음 1은 왼쪽, 나중 1은 첫 번째 Door를 의미한다)

- Reset 시키기 위해서는 Reset Button을 누르거나 원위치로 넣는다.

- 비상신호는 55이며, 이는 운항승무원 포함 모든 승무원에게 객실의 비상 사태를 알리기 위함이다.

- 비상신호를 발신할 경우 모든 객실의 인터폰은 Chime이 세 번 울리고 Master Call Display에 빨간색 등이 계속 점멸한다.

- 긴급신호를 발신할 경우 * 버튼을 2회 누른다.

- 운항승무원을 제외한 모든 객실승무원에게 중요사실을 공지하기 위해서 전 객실승무원 호출은 54번을 누르면 된다.

- 객실승무원끼리의 통화는 정해진 숫자를 누른다.

B777 방송과 승무원용 인터폰 내부

❶ 통화나 방송을 하기 위해 인터폰을 빼낼 때 인터폰을 위쪽으로 밀면 이 커버가 움직이며 분리할 수 있다.
❷ 인터폰, 방송, 비상신호 안내판
❸ 수화기
❹ 숫자버튼

❺ PTT 버튼 : 인터폰, 기내방송을 할 때 누르고 실시한다.
❻ Reset 버튼
❼ 송화기

객실승무원끼리 통화할 때 숫자의 의미

- 왼쪽 : 1번으로 표시
- 오른쪽 : 2번으로 표시
- 제일 앞쪽 도어부터 1, 2, 3, 4, 5 순서로
- EX No3 왼편 도어를 호출할 때 13번을 누른다.

B777 기종의 비상신호와 긴급신호

비상신호(Emergency sign)와 긴급신호(Urgent sign)의 차이

- 비상신호 : 항공기 순항 중 객실내 테러, 기내난동, 응급환자 발생 시 운항 승무원을 포함한 전 객실승무원에게 비상사태를 알리기 위한 신호
- 긴급신호 : 항공기 고도가 10,000ft 이하 비행 시 객실승무원이 항공기의 이상이나 객실안전에 문제가 발생될 수 있거나 발생되었을 때 운항승무원에게 긴급히 알리기 위한 신호

B777 긴급신호	B777 비상신호
,(인터폰 키패드에서 *를 2회 누른다)	5,5 (인터폰 키패드에서 5를 2회 누른다)

*버튼을 2회 누른다.

▲ B777 기종의 긴급신호

5 버튼을 2회 누른다.

▲ B777 기종의 비상신호

MASTER CALL LIGHT의 색깔에 따른 분류

유형	색	상황
Passenger Call	Blue	승객이 승무원을 호출함
Attendant Call	Red Green(A3880 Only)	승무원이 승무원을 호출함
Lavatory Call	Amber	화장실 내 승객이 승무원을 호출함

※ 기내에서 승무원 상호간에 의사소통을 가능하게 해주는 시스템이다.
Interphone 실시를 위한 Handset 설비는 조종실 및 객실의 각 Station Panel에 있다.

03. DOOR 구조 및 작동법

▲ B777-200/300 표준 DOOR

▲ B777-300 NO3 DOOR

▲ 777 Door Gust Lock

Door의 작동절차

정상 시 DOOR OPEN 절차

- Seatbelt Sign이 Off 되었는지 확인한다.
- Door가 정상위치에 있는지 확인한다.
- Door Assist Handle을 잡고 Door Operating Handle을 화살표 방향 (Open)으로 완전히 돌린다.
- Door가 동체에 완전히 Gust Lock될 때까지 힘있게 민다.

정상 시 DOOR CLOSE 절차

- Door Safety Strap이 원위치되어 있는지 반드시 확인한다.
- Door Assist Handle을 단단히 잡고 도어 중앙의 Gust Lock Release Handle을 당겨 Lock 상태를 해제한다.

- Gust Lock Release Handle을 잡고 도어를 내부쪽으로 당긴다.
- 도어가 거의 닫혔을 때 Door Operating Handle을 화살표 역방향으로 완전히 돌려 잠근다.

Door의 닫힘상태는 작동 Handle이 완전히 닫힘방향으로 돌려져 있거나 내려져 있는 상태를 의미하며, 777/747 항공기의 경우 객실 커튼이 Door를 닫을 때 끼어 있는 경우가 종종 발생하니 객실승무원에 의해서 반드시 재확인되어야 한다. 도어에 커튼이 끼일 경우에도 조종실이나 L1 Panel에 완전 닫힘으로 표시될 수 있으니 육안으로 확인해야 한다.

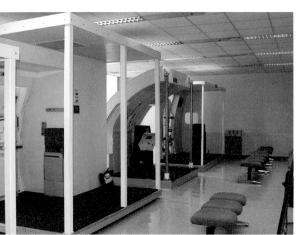

▲ B777 항공기 Door Trainer   ▲ 항공기 도어핸들(열림, 닫힘용)

B777-200/300 ESCAPE SLIDE ARMING LEVER

항공기가 출발하기 전 객실승무원은 맡고 있는 Door의 완전한 닫힘상태/Door Mode의 팽창위치를 반드시 확인해야 한다. 비행 전/후 Door의 닫힘상태 및 슬라이드 모드 상태를 확인하는 것은 도어 슬라이드의 오작동을 방지하고 출입문 안전을 확보하기 위함이다. Door Mode 변경은 객실사무장(캐빈매니저)의 방송에 의해 실시되며 객실승무원은 호출전화에 응답한다. 항공기 출입문을 닫은 후 재개방하고자 할 때에는 사무장은 기장에게 보고 후 조치를 받아야 한다.
상기의 사진과 같이 B777 기종에서 기내 장착돼 있는 모든 Door Mode를 팽

창위치로 변경시킨 후 확인지시창에 AUTO라는 표시등이 점등된다. 단 한 개
의 Door라도 모드변경이 안 되어 있으면 표시등이 켜지지 않는다.(184페이지 참조)

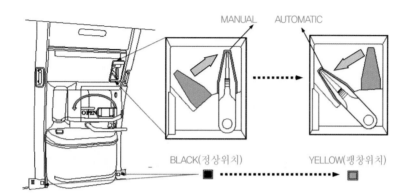

MANUAL   AUTOMATIC

BLACK(정상위치)   YELLOW(팽창위치)

B777-200/300 DOOR ESCAPE SLIDE 팽창된 모습

▲ B777-300 NO3 DOOR ESCAPE
   SLIDE

▲ B777 항공기 ESCAPE SLIDE 팽창되
   는 순간

▲ B777-200/300 기종의 Escape
   Slide Inflation 모습

비상시 Door 작동법

비상시 Door 작동법(777-200/300)

- 외부상황을 파악한다.
- Arming Lever가 Automatic 위치에 있는가 재확인한다.
- Door Assist Handle을 잡고 Door Operating Handle을 화살표 방향으로
  완전히 돌린다.

- Door가 자동으로 열리며 슬라이드가 팽창한다.
- Door가 자동으로 열리지 않을 경우 협조자와 함께 Assist Handle을 잡고 동체에 Gust Lock될 때까지 바깥쪽으로 완전히 밀고 하단 우측에 있는 매뉴얼 인플레이션 핸들을 당긴다.
- Slide의 사용 가능 여부를 파악한다.

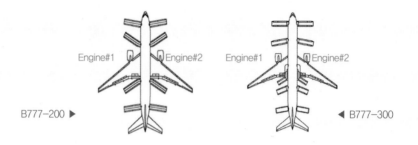

비상시 NO3 Door 작동법(777-300 NO3 Door)

- 비상시 다른 도어와 같은 방법으로 개방한다.
- Escape Slide는 Slide Bustle에서 팽창되는 것이 아니라 동체에서 나오게 된다.
- Door Frame 상단에 있는 Red Manual Inflation Handle을 잡아 당긴다.
- 노란색 Barber Pole을 확인하여 슬라이드가 완전히 팽창되었는지 확인한다.
- 승객들을 화살표 방향인 항공기 후방으로 탈출을 유도한다.

도어 슬라이드 모드(Door Slide mode) 변경방법

객실사무장/캐빈매니저가 슬라이드 모드 변경방송을 실시함과 동시에 모든 승무원은 도어 슬라이드 모드를 정상위치 → 팽창위치, 팽창위치 → 정상위치로 변경한다.

슬라이드 모드 변경 방송 예-KE

2017년 5월부터 대한항공에서는 기내방송을 이용한 도어 슬라이드 모드 변경방송을 실시하지 않고 객실사무장이 변경시점에 인터폰으로 전 승무원을 호출한 후, 아래의 문장과 같이 도어 슬라이드 모드 변경을 지시하고 인터폰을 종료한다. 잠시 후 다시 인터폰으로 전 승무원을 호출하여 담당 승무원이 모드를 변경한 사항을 순서에 의거 도어담당 승무원이 객실사무장에게 보고하는 것으로 시행하고 있다. 즉 객실 내부, 승객은 절차에 따른 기내방송을 듣지 않게 되어 있다. 바뀌게 된 이유는 승무원이 방송을 실시하게 되면 승객이 시청하고 있는 비디오 화면이 정지되어 불편하다는 고객서신이 많이 접수되어 변경하게 되었다. 인터폰으로 슬라이드 모드 변경을 지시하는 절차는 동일하며 아래와 같다.

- 제1단계 : Cabin Crew Door Side Stand By.
- 제2단계 : Safety Check.
- 제3단계 : 객실사무장이 모든 승무원에게 인터폰 이용하여 Call 한다.
- 제4단계 : 제일 뒤편 승무원부터 'L5, L4, L3, L2 …… 이상없습니다'를 순서대로 객실사무장에게 연락한다.(항공기가 2층 구조로 되어 있는 A380인 경우 L5, L4, L3, L2, UL3, UL2, UL1 이상없습니다 …… 순으로 연락한다)

슬라이드 모드 변경 방송 예-OZ

- 제1단계 : 전 승무원은 Door Side로 위치하고 오른쪽 출입문 안전장치를 팽창(정상)위치로 변경하십시오.
- 제2단계 : 왼쪽 출입문 안전장치를 팽창(정상)위치로 변경하십시오.
- 제3단계 : 각 Door별 담당 승무원이 PA를 이용해 "출입문 안전장치를 팽창(정상)위치로 변경하고 상호 확인했습니다"라고 보고한다.

- DOOR MODE 변경 절차 철저 준수
  - 'STOP', 'THINK' and 'Arming lever 위치확인' 절차 준수
  - 반드시 CROSS CHECK 절차를 준수할 것
- DOOR OPEN 시 2인1조 작동 절차 준수
  - 특히, B737의 경우, 승객 하기순서 준수를 위해 사무장 1인이 DOOR를 작동하는 사례 금지

B777-200/300 항공기 도어 슬라이드 모드 변경방법

- B777 팽창위치(Automatic/Armed Position) : 도어 슬라이드 손잡이를 왼쪽 팽창위치로 강하게 민다.

- B777 정상위치(Manual/Disarmed Position) : 도어 슬라이드 손잡이를 오른쪽 정상위치로 강하게 민다.

B777-200/300 항공기 팽창위치

❶ 팽창위치를 알려주는 표식
❷ 팽창위치로 변경할 때에 이 손잡이를 팽창위치 표식 방향으로 옮기면 된다.

❸ B777 전체 도어가 팽창위치로 변경되면 AUTO 표식이 나타난다.

B777-200/300 항공기 정상위치

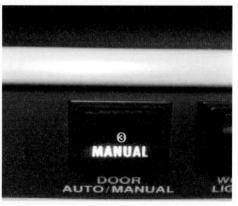

❶ 정상위치를 알려주는 표식
❷ 정상위치로 변경할 때에 이 손잡이를 정상위치 표식 방향으로 옮기면 된다.

❸ B777 전체 도어가 정상위치로 변경되면 MANUAL 표식이 나타난다.

B777 항공기 도어 구조 설명

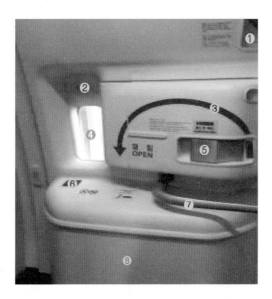

❶ 슬라이드 모드 변경장치
❷ Door Window Shade(햇볕 가리개)
❸ 도어 열고 닫힘 방향을 표시하는 화살표
❹ Viewing Window

❺ 도어 Gust Lock
❻ Escape Slide 팽창시키는 압력수위를 나타내는 게이지
❼ Door Operation Handle
❽ Slide Bustle

B777 항공기 도어 상태를 표시해주는 상태 표시창

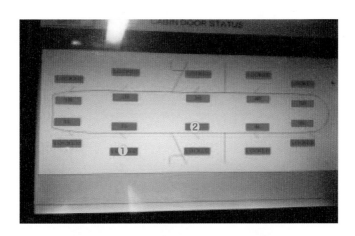

❶ 'LOCKED' 도어가 닫혔음을 나타낸다.   ❷ '3L' 항공기 왼편 3번째 도어를 나타냄

비정상 상황별 항공기 비상상황 탈출유도방식(공통)

- **객실화재, 동체화재** : 화재발생 반대편 출구로 승객을 유도한다.
- **동체착륙** : 모든 탈출구 사용이 가능하다.
- **동체 기어 손상**(항공기 앞쪽이 들린 상태) : 제일 앞쪽 탈출구는 슬라이드가 지상보다 약간 들린 상태이므로 승객을 뒤쪽의 낮은 탈출구나 Overwing Exit을 이용하도록 유도하여야 한다. 하지만 A380 항공기는 앞쪽이 들린 상태일 경우 자동으로 상황을 감지하여 지상에 맞도록 자동적으로 Extention 슬라이드가 팽창된다.
- **앞쪽 기어 손상**(항공기 뒤쪽이 들린 상태) : 앞쪽의 낮은 탈출구를 이용하도록 유도한다.
- **바다에 착수** : 수면 위에 나와 있는 모든 탈출구가 사용 가능하다.

04. GALLEY 구조 및 시설

갤리(Galley)란?

비행 중 승객에게 제공하는 물품을 보관하고 준비하는 곳으로 객실승무원의 작업공간이며 갤리브리핑, 기내식준비, 기내음료준비, 승무원들의 식사장소이고 많은 승무원들의 애환이 깃든 기내장소이다. 따라서 객실승무원에게 갤리는 비행의 시작이며 끝인 것이다.

GALLEY 설비의 특징

- 상단 설비 : 건식 Oven, 냉장고, Coffee maker
- 하단 설비 : Cart 보관 Chiller

오븐　커피메이커

전경

▲ B777-200의 특징인 AFT 대형 GALLEY

▲ B777 FWD GALLEY

▲ 서비스 후 기내판매 준비된 모습

▲ 서비스용품 탑재용 CARRIER BOX

GALLEY 내 WATER SHUT OFF VALVE 사용법

물 공급 라인의 근처에 설치되어 있으며 비정상 상황 발생 시 갤리 내 물 공급을 차단한다.

상당히 중요한 갤리장비 중 하나이니 철저한 학습을 요한다. (B737 86p, A330 123p, A380 268p 참조)

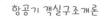

서빙카트(Serving Cart)

서빙카트란 식음료 카트와는 달리 승객에 대한 서비스를 실시할 때 사용하는 항공기의 기물로서 B737기종 포함 모든 기종에 탑재되어 운용된다. 비행 전에는 승객의 신문을 세팅하고 비행 중에는 식음료 서비스용으로 그리고 착륙 전에는 서비스한 용품을 회수하는 용도로 사용된다. 상단/중단/하단 각각 세팅하기 쉽도록 나무재질 판이 깔려 있으며 보기와는 달리 상당히 고가의 제품(대당 ₩1,500,000)이다. 취급시 집중하지 않으면 상해를 입을 수도 있으니 유의해서 사용해야 한다. 상위클래스 서빙카트와 비즈니스, 일반석 서빙카트는 사양이 약간 다르게 제작되어 있다.

비행 전 신문서비스 및 비행 중 식음료 서비스를 할 때 사용하는 카트(CART)의 종류 중 하나이다.

▲ 서빙카트(SERVING CART) 보관장소에서 이탈 서빙카트 조립모습   ▲ SERVING CART 완성된 모습

B777-200/300 GALLEY를 통제하는 서킷브레이커(CIRCUIT BREAKER)

서킷브레이커란(Circuit Breaker) 일반적 가정에서 사용하는 휴즈박스(두꺼비집이라고도 함)와 동일 기능을 가지고 있으며 과부하, 화재 발생 시 자동으로 튀어나와 전력의 공급을 차단하는 장치이다. 누르면 전력이 공급되고 튀어나오면 전력공급이 중단된다. 기내 화재 진압 후에는 재연결하지 않도록 되어 있다.

B777-200/300 COFFEE MAKER 사용법

커피메이커나 Water Boiler를 켜기 전에는 항상 화재예방 및 안전장비 유지를 위해 에어블리딩(Air Bleeding)을 하여야 한다. 또한 이착륙 시에는 반드시 커피메이커의 Pot이 비어 있고 열판의 전원이 꺼져 있어야 한다.

| STEP1 ▲ 사용한 커피팩 제거 | STEP2 ▲ 원두커피 준비 | STEP3 ▲ 팩 개봉 | STEP4 ▲ 빈 커피랙 준비 |

| STEP5 ▲ 새 커피팩으로 교환세팅 | STEP6 ▲ 커피메이커에 장착 | STEP7 ▲ 고정 손잡이를 누른다. | STEP8 ▲ BREW SWITCH 를 켠다. |

에어블리딩(Air Bleeding)이란?

커피메이커나 물끓이는 장치의 내부 공기압을 제거하는 작업이며 Coffee Maker나 Water Boiler의 전원을 켜기 전 부착된 수도꼭지에서 기포가 없는 물이 나올 때까지 물을 빼내는 행위를 말한다. 기포가 없는 물은 해당 기기에 설치된 Pot로 1개 정도 물을 빼내면 완료된 것으로 본다.

단 최신형 커피메이커의 에어블리딩(Air Bleeding)은 자동으로 실시되니 참조바라며, 위의 사진은 최신형 커피메이커이다.

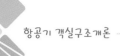

- **최신형 커피메이커** : 에어블리딩 자동 실시 / 작동버튼 원형 / 온수 : Tea 버튼 사용
- **구형 커피메이커** : 에어블리딩 수동 실시 / 작동버튼 사각형 / 온수 : 꼭지 부착

갤리드레인(Galley Drain) 사용법

드레인(Drain)이란?

비행 중 갤리에서 사용하고 남은 물을 버리는 장치이며, 여기서 버리는 물은 항공기 외부 밑부분에 설치된 엄청나게 뜨거운 Drain Master를 통하여 외부로 안개형태로 배출된다. 따라서 항공기가 지상에 주기되어 있을 경우 Drain Master가 작동되지 않으니 지상 조업원이나 정비사의 부상예방을 위해 물이나 음료를 버리지 않는다. 또한 장비의 청결한 유지와 막힘현상을 방지하기 위하여 비행 중 순수한 물만 버리게 되어 있다. 이 장치는 항공기의 모든 기종 A300/B737, 777, 747, A380에 장착되어 있다.

압축쓰레기통(Trash Compactor) 작동법

압축쓰레기통(Trash compactor)이란 갤리에 설치되어 있으며 일반 쓰레기통과 달리 유압으로 작동되고 상하로 움직이는 사각형의 철제 Bar를 이용하여 모든 쓰레기를 압축할 수 있는 장치를 갖춘 쓰레기통을 말한다. 비행 중 상당한 분량의 쓰레기를 압축할 수 있어 협소한 갤리 내 용적을 많이 줄일 수 있도록 고

안한 장치이며 액체류나 유리병 등은 넣지 않도록 되어 있다. 사용법은 아래와 같다.

압축쓰레기통은 A380, B777, B747-8i, B787-9, A330 기종에 장착되어 있다.

STEP 1 ▲ Trash Compactor

STEP 2 ▲ Door Open

STEP 3 ▲ 쓰레기함을 꺼낸다.

STEP 4 ▲ 새 박스를 준비한다.

STEP 5 ▲ 새 박스 펼친 모습

STEP 6 ▲ 새 박스를 채워 놓는다.

STEP 7 ▲ 전원을 눌러 사용한다.

STEP 8 ▲ 고장인 경우 Clean Button을 누른다.

사용 시 주의점

- 물이나 음료 등 액체성 물질은 쓰레기통에 버리지 않는다. 물은 갤리 내 설치된 Drain 을 통해 버리고 찌꺼기가 있는 음료는 모아서 화장실에 버리도록 한다. 액체성 물질은 압축 쓰레기통에 버릴 경우 종이재질로 만들어진 쓰레기함이 파손될 우려가 있다.
- 서비스 후 사용한 와인, 주류 등의 빈병을 압축쓰레기통에 버리지 않는다. 이유는 병 을 부수기 위해 과다한 압력이 가해져 기기가 고장나는 경우가 많이 발생한다.

05. 화장실 구조(LAVATORY)

B777 기종 역시 최신형 화장실 설비가 제공되고 있으며 여타 기종과 사용법 은 동일하나 중/대형 기종답게 화장실의 공간이 넉넉하게 되어 있는 것이 특이 하다. B777 기종의 화장실 설비는 아래와 같다.

화장실 시설

▲ 표준화장실

▲ 화장실 수도꼭지(Paucet)

▲ Flushing Button

▲ 표준화장실 변기

▲ Door Locking 장치

▲ 화장실 전경

▲ 유아용 기저귀 교환대

▲ 화장실 내 설치되어 있는 Smoke Detector

B777-200/300 화장실 내에서 승무원 호출버튼을 눌렀을 때 외부에 나타나는 신호

해당 Call Light는 화장실에서 승객이 승무원의 도움을 요청할 때 화장실 내 설치되어 있는 Call Button을 누르면 화장실 바깥 벽면에 부착되어 있는 Call Light에 빨간색 불이 점등된다. 이 불빛과 소리를 듣고 객실승무원은 화장실 내 승객을 돕기 위해 승객 유무를 파악한 후 반응이 없을 시 강제로 문을 열 수도 있다.

06. B777-200/300/WS 항공기 객실승무원 탑승근무 시 유의사항

보유항공사

● 대한항공   ● 아시아나   ● 진에어

Service 측면

- 777-300의 경우 좌석 배열이 3/4/3으로 세팅되는 비행기가 아직 있어 가운데 승객이 매번 불만을 토로하는 경우가 발생하니 서비스의 선제공 등 각별한 주의가 필요하다.

- 뒷편 GALLEY 내 냉장고의 LOCKING 상태가 정확하지 않을 경우 착륙 시 많은 양의 음료수 병이나 캔이 바닥이나 AISLE로 떨어지는 경우가 있어 주의가 필요하다.

- 항공기 갤리에서 앙뜨레세팅(Entree Setting) 작업을 할 때 기내식의 기름이 바닥에 떨어지면 상당히 미끄러워 다른 승무원이 상해를 입을 경우가 있으니 작업 시 기름이 떨어지면 반드시 휴지로 깨끗하게 닦아야 한다.

- 일등석, 비즈니스, 일반석의 경계가 가깝고 비즈니스, 일반석의 아기요람 장착하는 곳이 각 클래스의 전방에 있어 비행 중 아이 울음 등의 소음 발생 요소가 다분하다. 따라서 일등석, 비즈니스 클래스 최후방에 위치한 승객에게는 사전 고지가 필요하며 담당 존을 근무하는 객실승무원의 주의가 필요하다.

- 777-300 비행기의 경우 GALLEY에서는 PAX CALL이 잘 안들리니 소리에 신경써서 근무해야 한다. 따라서 매 비행 시 갤리에서만 있지말고 한 명은 반드시 객실의 Jump Seat에 위치하여 승객의 불편을 감소시키고자 노력해야 한다.

- 777-300WS 기종의 경우 L4 Door에 위치한 갤리에 모든 기판 물품이 탑재된다. 기내서비스 후 면세품 판매 준비 시 많은 소음이 발생할 수 있으니 L4, R4 Door 주변 승객에게 먼저 다가가서 소음에 관한 정보를 주고 양해를 구해야 한다.

- B777 기종은 뒷 갤리 근처가 다른 곳에 비해 넓어 비행 중 승객의 스트레칭 장소가 되는 경우가 많다. 따라서 갤리 안에서 대화를 본의 아니게 듣는 경우가 발생하여 언어 사용 시 유의해야 한다.

- NO4 DOOR 근처 승객에게 GALLEY 소음이 심해 편안한 휴식을 방해하는 경우가 발생하니 소음에 각별히 유의한다.

Safety 측면

- 항공기 ESCAPE SLIDE DOOR MODE 선택 시 반드시 도어 하단의 IN-DICATOR를 확인하여 노란색(ARMED), 검정색(DISARMED)을 재확인한다.

- 승객 탑승 후 DOOR COLSE 시 문을 충분히 앞으로 당겨 DOOR를 닫지 않으면 DOOR가 JAMMING되는 경우가 종종 발생하니 각별히 주의한다.

- 777-300 비행기의 경우 NO3 DOOR의 ESCAPE SLIDE 팽창 시 팽창용 버튼의 위치는 DOOR에 붙어 있어 유의해야 하고 ESCAPE SLIDE BUSTLE은 비어있으며 실제 팽창 시에 동체에서 슬라이드가 팽창되니 유의한다.

- 객실승무원이 조종실 안으로 진입 시 문앞에 높은 턱이 있어 걸려 넘어질 경우가 발생하니 진입/진출 시 턱에 각별히 유의한다.

- 기내 판매 시 보통 면세품은 캐리어박스(Carrier Box)에 탑재되어 승무원이 캐리어박스 문을 열은 후 닫지 않았을 때 아래쪽에서 작업하던 승무원이 일어나며 머리를 부딪혀 상해를 입는 경우가 발생한다. 캐리어박스를 사용 후 반드시 문을 정확히 닫았는지 재확인이 필요하다.

- 777-200 기종의 경우 비즈니스 클래스 GALLEY 내 공간이 협소해 기내 작업 시 유의한다.

- CREW BUNK 사용 시 승객의 가시권에서 사용하기 때문에 LATCH 대신 비밀번호를 사용하는 것이 좋다.

- 777-300WS 기종 탑승 시 객실승무원의 휴식공간인 CREW BUNK에서의 탈출절차를 반드시 숙지해야 하며, 탈출구의 정확한 위치를 사전파악하여 신속한 탈출에 만전을 기해야 한다. BUNK에서 777WS의 비상탈출구를 개방하면 AFT ZONE 오버헤드빈으로 나오게 되어 있다.

쉬어가기 항공상식

★ 여객기 화장실과 태풍의 원리

태풍이 오면 항공기는 뜨지 않는다. 물론 태풍의 규모에 따라서는 그 위를 날아갈 수도 있다. 기상청 자료에 따르면 태풍의 높이는 10여km, 반경이 수백 km에 달한다. 바람은 하층에서는 시계 반대방향으로 중심을 향하여 불어 들어와 구름 꼭대기 부근에서 바깥쪽을 향해 시계방향으로 불어 나간다.

태풍은 중심기압이 대단히 낮다. 그 낮은 기압에 의해 해면에서 엄청난 세력을 지닌 수증기가 빨려 올라가서 생기기 때문에 이러한 현상을 두고 어떤 사람은 여객기의 화장실 구조와 닮은 꼴이라고 말하기도 한다.

여객기 내의 화장실은 순환식과 바큠식이 있는데 신형여객기는 모두 바큠식이다. 기체 뒤편에 오물탱크를 몇 군데 설치해놓고 객실 여러 곳에 있는 화장실과 파이프를 통해 오물을 이곳으로 모으는 방식을 택하고 있다.

비행 도중 화장실을 사용한 다음「세정(Flushing)」버튼을 누르면 소량의 물과 함께 굉장한 압력에 의해 오물이 빨려나간다. 이 원리는 그야말로 태풍이 발생하는 원리와도 같다.

고도 1만 미터 상공에서는 기내는 화장실을 포함해 기껏 0.7~0.8기압 정도로 유지되고 있는 데 반해, 기체 바깥쪽은 0.2기압 정도까지 내려가 있다. 화장실과 오물탱크를 잇는 파이프는 기압이 낮은 바깥쪽으로 통하고 있기 때문에「세정」버튼을 누름과 동시에 파이프를 차단하고 있는 밸브가 기체 바깥쪽을 향해 열리게 된다. 즉, 흡사 일시적으로 기체에 구멍이 뚫린 것 같은 상태가 되면서 오물이 소량의 물과 함께 오물탱크 방향으로 순식간에 빨려 나가게 되는 것이다.

간혹 항공사들이 어린이를 위한 1일 항공교실을 열 때, "기내에서 화장실을 사용하면 오물은 공중에 뿌려집니까?"라는 질문이 흔히들 나온다고 한다. 질문을 받은 베테랑 객실승무원은 "절대 그렇지 않아요!"라고 대답한다.

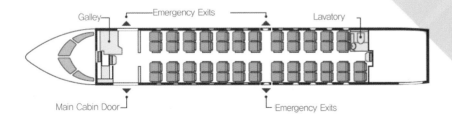

Galley

Emergency Exits

Lavatory

Main Cabin Door

Emergency Exits

B747-400

(대한항공, 아시아나항공)

01. B747-400 항공기 소개

항공기 특징 및 제원

보잉 747 광동체(Wide Body) 항공기는 1960년대에 미국이 가장 번성했던 시기에 생겨났다. 대량 소비 경향이 확산되고 경기호황의 물결을 타고 항공승객의 수요가 널리 확장되었다. 일부 부자들만의 전유물이었던 비행기 여행이 미국인 전체를 대상으로 할 정도까지 확산되었다. 대량수송수단이 필요한 항공사에 의해 탄생된 747은 CX-HLS 차세대 대형 수송기 계획에서 패한 보잉사의 수송기 폭격기에 그 기본을 두고 있다. 하지만 판매 초기 747은 1,000대 이상이 판매되리라고는 보잉사도 예상하지 못했던 일이다. 747은 보통사람들에게 점보하면 비행기를 연상하게 했던 기체로 1969년 2월 29일 처녀비행에 성공하였다. 747은 초대형기이지만 속도가 빠르고(마하 0.86), 또한 고양력 장치를 가진 날개를 장착해서, 지금까지 만들어진 어떤 공항에도 이착륙할 수 있는 점을 들 수 있다. 넓은 객실과 화물실, 승객을 위한 오락시설, 과학화된 레이더와 안전장치, INS의 도입은 비행시스템의 혁신을 일으켰다.

Boeing 747-400 성능제원

- 제작사 : 보잉 커머셜 에어플레인 컴퍼니
- 엔진 : 4×230KN Pratt & Whitney PW4056
- 폭 : 64.5m
- 길이 : 70.7m
- 높이 : 19.3m
- 날개면적 : 511.2m^2
- 날개 뒤젖힘각 : 37.5°
- 최대이륙중량 : 396,830kg
- 최대착륙중량 : 285,710kg
- 최대항속거리 : 13,490km
- 최대연료탑재량 : 216,852liters
- 최대순항속도 : 507kt
- 최대순항고도 : 35,000ft

▲ 아시아나 B747-400

02. 좌석 및 객실 구조

B747-400 좌석

▲ FIRST Class Cosmo Sleeper Seat

▲ First Class Sleep Seat

▲ Prestige Plus Seat

▲ Economy Seat

▲ 대한항공 B747-400 FIRST CLASS / 프레스티지 CLASS   ▲ 일반석

▲ 아시아나 B747-400 일반석   ▲ 대한항공 B747-400 일반석

B747-400 Upper Deck(KE)

▲ 올라가는 계단

▲ Upper Deck 전경

▲ Upper Deck 서비스

▲ Upper Deck 개인수납함
(외국항공)

▲ Upper Deck 개인수납함
(KE)

▲ Upper Deck 코트룸

▲ Upper Deck 헤드빈 내부

▲ 닫힌 모습

▲ 어퍼덱을 총괄하는 갤리 전경

▲ 어퍼덱 객실승무원 점프시트(Jump Seat)

▲ 어퍼덱과 메인덱을 연결해주는
엘리베이터

03. 객실을 조절하는 CSM 및 CCTM의 이해

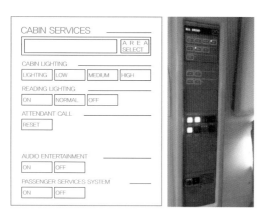

▲ CSM : CSM은 L2에 위치해 있다.

CSM(Cabin Service Module)

CSM(Cabin Service Module)이란?

- B747-400에만 설치되어 있는 독특한 기능 Panel이다.
- 제일 상단 Area Select로 클래스를 구분 후 선택하고 각종 시스템을 작동한다.
- CABIN LIGHTING을 선택하여 객실의 일등석, 비즈니스, 일반석 및 전체 객실의 조명을 조절할 수 있다.
- READING LIGHT 선택하여 전 좌석의 독서등을 켜고, 끄고, 정상위치로 조절할 수 있다.
- ATTENDANT CALL 선택하여 전 좌석의 승객콜 시스템을 리셋할 수 있다.
- AUDIO ENTERTAINMENT 선택하여 전 좌석의 AUDIO를 조절할 수 있다.
- PASSENGER SERVICES SYSTEM을 선택하여 PSS를 조절할 수 있다.

▲ CCTM : CCTM은 R2에 위치해 있다.　▲ B747-400 R2 door에 설치되어 있는 CCTM과 오물량 지시계　▲ CCTM 실제사진

CCTM(Cabin Configuration Test Module)

CCTM 이란?(Cabin Configuration Test Module)

- B747-400에만 있는 독특한 기능의 Panel이다.
- 객실의 온도조절, 오물탱크 용량, 음용수 용량, Alternate System을 조절할 수 있다.

- 제일 상단의 Temperature Control 버튼을 누르고 해당 클래스를 선택한 다음 원하는 온도로 내리거나 올리면 된다. (파란색 부분이 음용수 탱크의 잔량을 나타낸다)
- 항공기에 탑재되어 있는 음용수 양과 오물탱크가 얼마나 사용 중인가를 알 수 있다.
- 기내방송, 인터폰, 승객오락프로그램의 2차 백업 프로그램을 작동시킬 수 있다.

CMT(Cabin Management Terminal)

- CMT는 VCC(Video Control Center) 내의 장비이며 터치스크린 방식이다.
- 객실 전체의 오락프로그램을 조절할 수 있는 System이 탑재되어 L2에 설치되어 있다.
- Touch Screen을 이용하여 전체적인 시스템을 총괄한다.
- Remote는 Upper Deck 계단 좌측에 설치되어 있어 Back Up 기능을 담당한다.
- 승객좌석의 Audio나 화면이 안나올 때 Reset 기능을 할 수 있다.
- Movie Access 기능이 있다(AVOD를 통해 상영되는 영화등급을 조절하여 영유아의 접근을 차단하는 기능).
- Movie Access 기능을 수행하면 어린 승객에게 다음과 같은 화면이 제공된다.

- G : 전체관람가
- PG13 : 15세 이상 관람가
- PG : 12세 이상 관람가
- R : 19세 이상 관람가

O4. B747-400 일반석 표준좌석 및 시설

B747-400 항공기는 비록 구세대 항공기이지만 모든 좌석에 AVOD 시스템이 구축되어 있으며, ISPS는 비행 중 승객이 소지한 휴대용 전화기 등 전자기기에 전원을 공급하기 위해 승객 좌석 하단에 장착된 전기공급장치를 말한다. 상위 클래스에는 전 좌석에 장착되어 있으며 일반석인 경우에는 좌석 한 열 단위당 한 군데씩 설치되어 있다.

B747 기종에는 다른 항공기와 마찬가지로 승객이 이용할 수 있는 독서등, 송풍장치, PAX CALL, Fasten Seat Belt Sign 시스템이 머리 위에 장착되어 있다. 모든 장치의 조절은 L2, R2에 설치되어 있는 CSM, CCTM을 이용해서 조절하며 백업 시스템이 갖추어져 있어 일시에 한 곳이 고장나더라도 다른 시스템으로 접근하여 이용할 수 있도록 설비되어 있다.

B747-400의 경우 일반석 제일 앞좌석 BULK HEAD에 설치하게 되는데 주변 승객의 AVOD 시청과 이동을 제한할 수 있으니 주변 승객에게 미리 양해를 구하는 것이 좋다. 체중 11kg 신장 75cm 미만의 유아에게 제공한다.

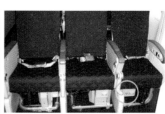

▲ B747-400 항공기 클래스별 좌석에 설치된 전기공급장치(IN SEAT POWER SYSTEM)

▲ 국내항공사 B747-400 머리 위 독서등 · 환풍기 · PAX CALL LIGHT · 산소마스크보관함, 벨트사인

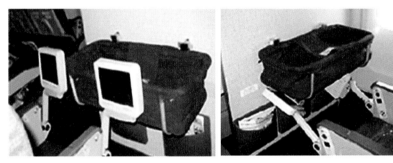

▲ B747-400 아기동반 시 설치해주는 배시넷

인터폰

유형	색	상황
Passenger Call	Blue	승객이 승무원을 호출함
Attendant Call	Red Green(A3880 Only)	승무원이 승무원을 호출함
Lavatory Call	Amber	화장실 내 승객이 승무원을 호출함

Master Call Display에 나타나는 Call Light의 분류

인터폰(Interphone)이란 항공기 내에서 객실승무원 상호간에 의사소통을 하게 해주는 시스템이며 인터폰을 사용하기 위한 핸드셋 설비는 조종실 및 객실 모든 스테이션에 설치되어 있다.

▲ B747-400 인터폰
(보잉 표준 인터폰) ▲ MID GALLEY에 설치
되어 있는 인터폰 ▲ Upper Deck Galley 내 인터
폰 및 객실조절 장치 Panel

사용법

- 원하는 번호를 누른 후 통화한다.
- 객실의 왼쪽은 1번, 오른쪽은 2번을 사용하며 B747-400 기종의 뒷갤리
는 L4 도어 근처에 있으므로 14 또는 24를 누르면 주변 승무원과 통화할
수 있다.
- 정해진 번호 숫자는 인터폰 바깥쪽 외부에 표시되어 있다.(사진 참조)
- 사용 후 원위치로 넣으면 Reset되나 Reset Button을 사용해도 가능하다.
- 비상시 비상신호를 이용하여 상황을 신속히 전파한다. 긴급신호는 객실에
서 조종실을 긴급하게 호출할 때 사용한다.

> 인터폰에서
> 사용하는
> 숫자의 의미

- 객실의 왼쪽 : 1번
- 객실의 오른쪽 : 2번
- EX L4, R4 갤리 주변 승무원 호출 : 14, 24(B747-400 기종의 뒷갤리는 도어 근처에 있음)

B747-400 기종의 비상신호와 긴급신호

비상신호(Emergency sign)와 긴급신호(Urgent sign)의 차이

- 비상신호 : 항공기 순항 중 객실내 테러, 기내난동, 응급환자 발생 시 운항
승무원을 포함한 전 객실승무원에게 비상사태를 알리기 위한 신호

• 긴급신호 : 항공기 고도가 10,000ft 이하 비행 시 객실승무원이 항공기의 이상이나 객실안전에 문제가 발생될 수 있거나 발생되었을 때 운항승무원에게 긴급히 알리기 위한 신호

B747-400 긴급신호	B747-400 비상신호
인터폰 키패드에서 "P" 버튼을 2회 누른다.	인터폰 키패드에서 "5" 버튼을 2회 누른다.

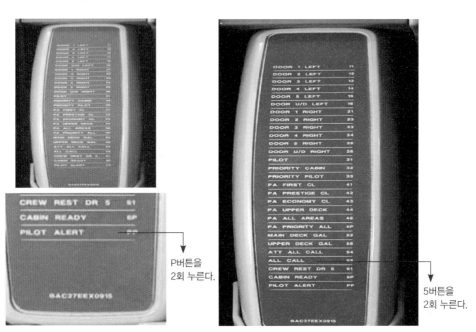

P버튼을
2회 누른다.

5버튼을
2회 누른다.

▲ B747 긴급신호

▲ B747 비상신호

05. DOOR 구조 및 작동법

B747-400 Door

B747-400 Door는 Main Deck에 좌, 우로 5개씩 10개가 설치되어 있고 Upper Deck에 2개 총 12개의 비상탈출구가 장착되어 있다. 각 Door에는 일정한 숫자를 붙여서 좌측은 L, 우측은 R로 시작하며 앞쪽부터 1, 2, 3, 4, 5로 지칭한다. 따라서 사무장이 위치한 왼쪽 제일 앞쪽 Door는 L1으로 지칭한다.

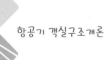
모든 Door에는 Slide/Raft가 장착되어 있으며 비상착륙과 비상착수 시 모두 사용할 수 있다.^(단, Upper Deck, Overwing Exit 제외)

Main Deck에 장착되어 있는 Door

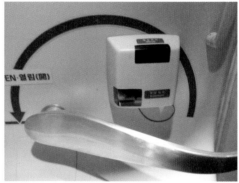

B747-400
Slide/Raft 장착
Door 및 탑승인원

Slide/Raft	탑승가능인원	최대탑승인원
Door L1, R1	60여 명	76명
Door L2, R2	60여 명	76명
Door L3, R3	불가	불가
Door L4 ,R4	60여 명	76명
Door L5, R5	55여 명	71명
Upper Deck Door	불가	불가

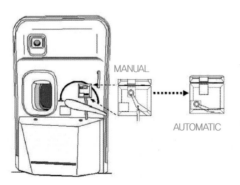
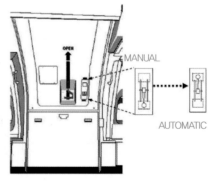

▲ Main Deck & Upper Deck Door 비교

B747 Main Deck Door 개폐방법

외부에서 OPEN 시

- 내부상황 판단
- 지상직원과 객실승무원 간의 수신호 교환
- 외부에서 OPEN

내부에서 OPEN 시

- DOOR ARMING LEVER가 정상위치에 있는지 판단
- 외부상황 판단
- 내부 손잡이를 열림 위치까지 충분히 돌린다.
- DOOR를 밀어서 GUST LOCK이 잠길 때까지 민다.

▲ B747-400 Main Deck & Upper Deck Door Trainer(KE)

DOOR CLOSING 시

- DOOR 오른쪽 중단에 위치한 GUST LOCK을 들어 올린다.
- DOOR 손잡이를 잡고 힘껏 안으로 밀어 당긴다.
- 손잡이가 더 이상 안 돌아갈 때까지 누른다.
- 특히 NO5(L5, R5) DOOR를 닫을 시에는 도어 핸들이 기타 도어 핸들보다 10도 정도 더 깊이 들어가야 정상으로 닫힌 것이다.

▲ B747-400 Upper deck Door   ▲ Upper Deck Door 점검용 버튼

따라서 B747 기종의 NO5 DOOR를 닫을 때에는 마지막 부분에서 체중을 실어 도어 핸들이 완전히 아래로 내려갈 수 있도록 해야 한다. 각별한 주의가 요망된다. 저자도 현장에서 NO5 Door의 미잠김(Unlocking) 사례를 몇 번 발견한 적이 있다.^(매우 주의 바람)

▲ 어퍼덱 도어 오퍼레이션 핸들(Operation Handle)과 슬라이드레버(Slide Lever)

총 12개

● L1	● L4	● R1	● R4
● L2	● L5	● R2	● R5
● L3	● UL	● R3	● UR

#2   #3
Engine #1   #4

▲ B747-400 Door 개수 및 위치

B747-400 Upper Deck Door 비상 시 개폐방법

어퍼덱 도어(Upper Deck)는 전체적인 모습이 메인덱 도어(Main Deck Door)와는 많은 차이가 있으며 메인덱 도어가 핸들을 돌리는 타입(Type)이라면 어퍼덱 도어(Upper Deck)는 도어 핸들을 들어 올리는 타입이다.

- 객실승무원은 반드시 비상시에만 작동하며 지상에서는 객실정비사가 담당한다.
- 먼저 외부상황을 파악한다.
- Door Slide Arming Lever가 Automatic 위치에 있는가 확인한다.
- Door Assist Handle을 잡고 Door Operation Handle을 완전히 들어 올린다.
- Door는 자동적으로 개방되며 동체에 Gust Lock된다.
- Door 턱 하단 우측에 붙어 있는 빨간색 Manual Inflation Handle을 강하게 잡아 당긴다.

B747-400 Door 및 부속장치

▲ Door Handle

▲ Door Release Handle Door

▲ Arming Lever

▲ Upper Deck Door Battery CHK 버튼

▲ Door Handle

▲ 슬라이드 컨테이너(BUSTLE)

▲ 외부상태 확인창

▲ 외부개방장치

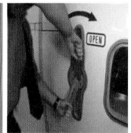
▲ 외부개방장치 작동 시

도어 슬라이드 모드(Door Slide mode) 변경방법

객실사무장/캐빈매니저가 슬라이드 모드 변경방송을 실시함과 동시에 모든 승무원은 슬라이드 모드를 정상위치 → 팽창위치, 팽창위치 → 정상위치로 변경한다.

슬라이드 모드 변경 방송 예-KE

2017년 5월부터 대한항공에서는 기내방송을 이용한 도어 슬라이드 모드 변경 방송을 실시하지 않고 객실사무장이 변경시점에 인터폰으로 전 승무원을 호출한 후, 아래의 문장과 같이 도어 슬라이드 모드 변경을 지시하고 인터폰을 종료한다. 잠시 후 다시 인터폰으로 전 승무원을 호출하여 담당 승무원이 모드를 변경한 사항을 순서에 의거 도어담당 승무원이 객실사무장에게 보고하는 것으로 시행하고 있다. 즉, 객실내부, 승객은 절차에 따른 기내방송을 듣지 않게 되어 있다. 바뀌게 된 이유는 승무원이 방송을 실시하게 되면 승객이 시청하고 있는 비

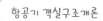

디오 화면이 정지되어 불편하다는 고객서신이 많이 접수되어 변경하게 되었다. 인터폰으로 슬라이드 모드 변경을 지시하는 절차는 동일하며 아래와 같다.

- 제1단계 : Cabin Crew Door Side Stand By.
- 제2단계 : Safety Check.
- 제3단계 : 객실사무장이 모든 승무원에게 인터폰 이용하여 Call 한다.
- 제4단계 : 제일 뒤편 승무원부터 'L5, L4, L3, L2 …… 이상없습니다'를 순서대로 객실사무장에게 연락한다.(항공기가 2층 구조로 되어있는 A380인 경우 L5, L4, L3, L2, UL3, UL2, UL1 이상없습니다 …… 순으로 연락한다)

슬라이드 모드변경 방송 예-OZ

- 제1단계 : 전 승무원은 Door Side로 위치하고 오른쪽 출입문 안전장치를 팽창(정상)위치로 변경하십시오.
- 제2단계 : 왼쪽 출입문 안전장치를 팽창(정상)위치로 변경하십시오.
- 제3단계 : 각 Door별 담당 승무원이 PA를 이용해 "출입문 안전장치를 팽창(정상)위치로 변경하고 상호 확인 했습니다."라고 보고한다.

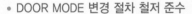

- DOOR MODE 변경 절차 철저 준수
  - 'STOP', 'THINK' and 'Arming lever 위치확인' 절차 준수
  - 반드시 CROSS CHECK 절차를 준수할 것
- DOOR OPEN 시 2인1조 작동 절차 준수
  - 특히, B737의 경우, 승객 하기순서 준수를 위해 사무장 1인이 DOOR를 작동하는 사례 금지

B747-400 항공기 도어 슬라이드 모드 변경방법(B747-400 항공기 팽창위치)

- B747 팽창위치(Automatic/Armed Position) : 슬라이드 박스 덮개를 열고 Safety pin을 뺀 후 도어 슬라이드 손잡이를 아래쪽 팽창위치로 강하게 내린다.
- B747 정상위치(Manual/Disarmed Position) : 슬라이드 박스 덮개를 열고 도어 슬라이드 손잡이를 위쪽 정상위치로 강하게 올린 후 Safety pin을 꽂는다.

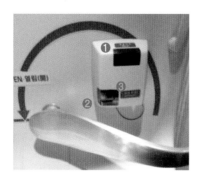

❶ 도어 정상위치 표식. 정상위치로 바꿀 때 아래쪽
  의 노란색 핸들을 위로 올리면 된다.
❷ 도어 슬라이드 모드 변경하는 핸들. 현재는 비행
  중인 관계로 팽창위치에 있다.
❸ 도어팽창위치를 알려주는 표식. 팽창위치로 바꿀
  때 아래쪽의 노란색 핸들을 아래로 내리면 된다.

▲ B747-400/8i 항공기 도어 정상위치

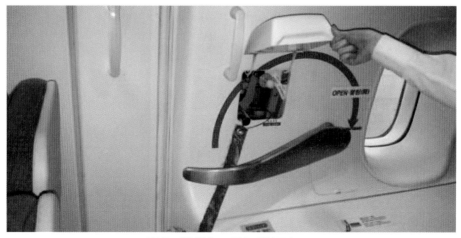

▲ B747-400/8i Door Slide 내부 모습

B747-400 UPPER DECK DOOR

❶ 도어 팽창위치 표식, 팽창위치로 바꿀 때 아래쪽의 노란색 핸들을 위로 올리면 된다.
❷ 도어 슬라이드 모드 변경하는 핸들, 현재는 비행기가 지상에 주기해 있는 관계로 정상위치에 있다.
❸ 도어 정상위치를 알려주는 표식, 정상위치로 바꿀 때 가운데 노란색 핸들을 아래로 내리면 된다.

Safety Pin이란?

A330/B747-400/B747-8i/A380 항공기의 도어모드가 정상위치(Manual/Dis-armed Position)에서 팽창위치(Automatic/Armed Position)로 넘어가지 않도록 정상위치 상태에서 고정핀을 삽입하여 움직이지 못하도록 하는 장치이다. 도어모드를 팽창위치로 옮기기 위해 Safety Pin을 뽑으려면 뒤쪽의 누름쇠를 누른 상태에서 잡아 당기면 뽑힌다.

B747-400 UPPER DECK DOOR

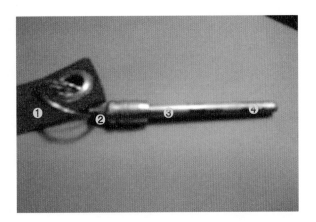

❶ Red Warning Flag(경고를 나타내는 표시) 'Remove Before Flight'라고 적혀 있다.

❷ 정상위치에서 팽창위치로 변경 시킬 때 세이프티핀을 빼게 되는데 이때 뒤편 튀어나온 부분을 누르고 당기면 핀이 빠진다.

❸ 본체 금속막대기

❹ 세이프티핀의 잠금장치. 뒤편 튀어나온 부분을 누르면 앞쪽 튀어나온 부분이 본체(금속막대기) 안으로 들어가서 Safety Pin을 빼기 쉽게 된다.

❺ Trash Hold Light(도어 주변 조명장치)
❻ 도어 창문 햇볕 가리개(Window Shade)
❼ Viewing Window
❽ 도어 열고 닫힘 방향을 표시하는 화살표

❾ Door Assist Handle
❿ 도어모드를 정상/팽창위치로 바꾸는 장치
⓫ Door Operation Handle
⓬ Slide Bustle

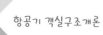

B747-400 DOOR ESCAPE SLIDE 팽창모습

▲ L1 & UPPER DECK DOOR

▲ L2 DOOR

▲ NO3 OVERWING DOOR

06. GALLEY 구조 및 시설

B747-400 GALLEY의 특징

- 상단 설비 : 건식 Oven,
  냉장고, Coffee maker
- 하단 설비 : Cart 보관
  Chiller

오븐

커피메이커

전경

▲ KE 항공사 Upper Deck Galley 전경

GALLEY 모든 설비의 전원을 공급/차단할 수 있는 장치(서킷브레이커)

▲ B747-400 Upper Deck Galley Circuit Breaker

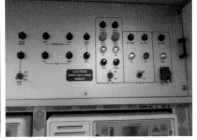

▲ A330 서킷브레이커(※ 모든 항공기가 비슷하거나 동일한 모습을 하고 있다)

서킷브레이커(Circuit Breaker)란 일반적 가정에서 사용하는 휴즈박스(두꺼비집이라고도 함)와 동일 기능을 가지고 있으며 과부하, 화재 발생 시 자동으로 튀어나와 전력의 공급을 차단하는 장치이다. 누르면 전력이 공급되고 튀어나오면 전력공급이 중단된다. 기내 화재 진압 후에는 재연결하지 않도록 되어 있다.

B747-400 OVEN(기내식/타올/빵을 가열하는 장치)

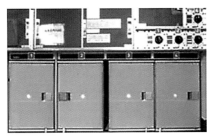

▲ Convection Oven

▲ 빈 Oven 모습

▲ Oven Timer 및 온도조절기

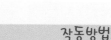

작동방법

- 오븐 안에 Heating할 내용물을 넣고 Oven Door를 닫은 후 Latch를 사용하여 닫는다.
- 기내식 및 타올을 넣은 오븐의 온도조절장치를 이용하여 작동시킨다.
- Timer를 이용하여 원하는 시간을 맞춘다.
- 온도조절버튼은 High, Medium, Low 3가지가 있다.
- 타이머가 돌아가고 정해진 시간이 되면 경고음이 울린다.
- Oven이 작동되는 경우에 문을 열지 않는다.
- Oven 안에는 상당한 고열이 발생하므로 가연성 물질은 절대 넣지 않는다.

Convection Oven 외 Galley 설비

▲ 마이크로웨이브오븐

▲ 워터보일러

CONVECTION OVEN이란 오븐 내부에 장착된 전기코일을 뜨겁게 달구고 오븐 안의 팬(fan)을 회전시켜 기체의 대류현상을 이용하여 음식을 데울 수 있는 오븐을 말하며 항공기에 설치되어 있는 오븐은 대부분 CON-VECTION OVEN이다. 하지만 최근에 제작된 A380 등 최신형 항공기의 경우 습식기능이 장착된 오븐도 선보이고 있으며 습식오븐은 주로 면타올/계란요리/쌀밥 등 가열해야 하지만 습기가 필요한 음식과 물품의 가열에 사용되고 있다.

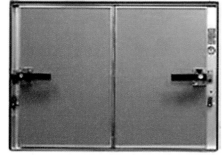

▲ 냉장고

▲ 커피메이커

▲ B747-400 Galley 내 엘리
베이터 조정스위치 Panel

▲ Galley 내 엘리베이터 조종
장치 전체사진과 객실조절
장치/인터폰

▲ B747-400 중간 GALLEY 내 UPPER DECK과 통하는
엘리베이터

07. 화장실 구조(LAVATORY)

B747-400 항공기의 화장실의 구조는 여타 항공기와 동일하나 제작연도가 오래되어 화장실 천장의 연기감지기(Smoke detector)에 철제형 구조물이 설치되어 있는 것이 특이하다. 이는 승객이 화장실에서 흡연 시 연기감지기의 센서에 작은 컵을 끼워넣어 센서가 작동하지 못하도록 하는 데 대한 방지대책이다.

▲ FLUSHING용 좌식변기　　　▲ 세면기　　　▲ 화장실 연기 감지기

▲ 비누공급용 장치　　　▲ 전체모습　　　▲ 화장실 Pax Call

화장실 특징 및 유의점

- 해당 Call Light는 화장실에서 승객이 승무원의 도움을 요청할 때 화장실 내 설치되어 있는 Call Button을 누르면 화장실 바깥 벽면에 부착되어 있는 Call Light에 빨간색 불이 점등된다. 이 불빛과 소리를 듣고 객실승무원은 화장실 내 승객을 돕기 위해 승객 유무를 파악한 후 반응이 없을 시 강제로 문을 열 수도 있다.
- B747-400 항공기의 화장실 문은 Folder 형식으로 제작되어 쉽게 여닫을 수 있고 비상시 화장실문 전체를 분리해 낼 수 있다. 특히 Upper Deck의 후방 화장실 내 쓰레기통을 이착륙 시 제대로 잠그지 않으면 쓰레기통이 튀어나와 화장실 Folder 형식의 Door 개폐를 방해하며 심지어 바쁜 업무 중에 문을 통째로 분리하여 다시 조립해야 하는 상황이 발생하니 Upper Deck 근무하는 객실승무원은 후방 화장실 내 쓰레기통의 시건장치 재확인을 각별히 유념해야 한다.
- 화장실 내 비누공급장치에 액체비누가 충분히 탑재되었는지 반드시 확인해야 한다.

08. B747-400 기종 객실승무원 업무 시 유의사항

보유항공사 ● 대한항공   ● 아시아나항공

Service 측면

- 내구연한이 오래되어 좌석 SEAT CUSHION이 눌려져 있는 것이 종종 발생하니 비행 전 점검이 필요하고 대고객 안내 시 유의한다.
- 항공기 DOOR CLOSING 시 클래스 구분을 위해 설치해 놓은 커튼이 문 사이에 끼기 쉬우니 확인 후 OPERATION한다.
- 개인별 모니터의 설치연한이 오래돼 비행 중 종종 상영 안 되는 좌석이 있어 비행 전 모든 시스템의 RESET이 꼭 필요하다.

- UPPER DECK ZONE에는 좌석당 STORAGE BIN이 설치되어 있어 비행 전 점검에 취약할 수 있으니 점검 시 유의해야 한다.
- NO4 DOOR 근처 승객은 GALLEY 소음에 무방비 노출되어 있으니 기내식 준비 업무할 때와 승무원 간 대화 시 주의한다.
- 기내 좌석배열이 주로 3-4-3 형식으로 배열되어 있어 창측 승객, 가운데열 승객의 서비스에 유의해야 한다.
- GALLEY 오븐이 비교적 노후되어 잦은 고장을 일으키니 사용에 유의해야 하며, 가연성 물질은 오븐 안에 넣어 방치하지 않는다.
- 모든 서비스 아이템 보관함은 미닫이문으로 되어 있어 잘못 닫혔을 경우 이착륙 시 튀어나올 경우가 발생한다. 따라서 반드시 확실하게 잠겼나를 재확인해야 한다.
- 승객 머리 위에 설치되어 있는 PAX CALL LIGHT가 눈에 잘 띄지 않는 경우가 있으니 세심한 관찰이 필요하다.
- B747-400 항공기의 화장실 문은 Folder 형식으로 제작되어 쉽게 여닫을 수 있고 비상시 화장실문 전체를 분리해 낼 수 있다. 특히 Upper Deck의 후방 화장실 내 쓰레기통을 이착륙 시 제대로 잠그지 않으면 쓰레기통이 튀어나와 화장실 Folder 형식의 Door 개폐를 방해하며 심지어 바쁜 업무 중에 문을 통째로 분리하여 다시 조립해야 하는 상황이 발생하니 Upper Deck에 근무하는 객실승무원은 후방 화장실 내 쓰레기통의 시건장치 재확인을 각별히 유념해야 한다.
- 화장실 내 비누공급장치의 액체비누는 인천공항에서만 왕복분이 탑재되므로 액체비누 컨테이너에 충분히 탑재되었는지 지상에서 비행 전 점검 시 반드시 확인해야 한다.
- B747-400 항공기에서 근무하다 보면 접근하강(Approching) 단계에서 가끔 전 객실에 퀘퀘한 발 냄새가 진동하는 경우가 발생한다. 승객들은 주변승객의 입장을 고려하여 승무원에게 물어보진 않지만 한동안 지속되는 경우가 발생되며 항공기 정비사에게 물어보면 원인은 엔진을 돌리기 위해 사용된 엔진오일의 잔유냄새라 추정된다 하나 누구도 이 현상에 대해 시원한 답변을 해준 적이 없다.

- B747-400 NO2 Door 근처의 갤리에는 엘리베이터 앞쪽에 승무원만의 수납 공간이 있어 많은 여승무원이 화장품 파우치, 기내면세품 판매가방 등 개인 소지품을 보관하여 비행 내내 사용하는 경우가 많다. 하지만 착륙 전 반드시 챙겨야 한다. 여기 두고 가는 객실승무원 개인의 비품이 생각보다 상당히 많다.
- 일반석 NO3 Door 바로 옆 좌석(32A, 32K 일부기종 : 38A, K)은 Door의 Slide Bustle 에 가로막혀 B747-400 비행기 좌석 중 제일 협소한 것으로 나타나 있다. 따라서 좌석 여유가 있는 경우 해당 좌석에 착석하는 승객을 유의해 보고 있다가 다른 좌석으로의 권유를 하는 것도 좋다. 만석일 경우 불가하지만 비행 내내 승객의 불평에 시달려야 할 각오를 해야 한다.

Safety 측면

- 이착륙 시 UPPER DECK GALLEY 내 MEAL CART LOCKING을 제대로 하지 않을 경우 튀어나와 승객에게 큰 상해를 입힐 수 있으니 SAFETY STRAP을 반드시 설치해야 한다. 실제로 객실승무원이 매우 바쁜 한일노선 비행 후 착륙할 때 GALLEY에서 MEAL CART가 튀어나와 복도를 따라 엄청나게 빠른 속도로 승객 팔목을 친 후 조종실 문에 심하게 부딪혀 밀카트와 조종실 문이 파손된 사례가 있다.
- 이착륙 시 온도가 갑자기 내려가는 경우가 종종 발생하니 항상 신경써서 점검할 수 있도록 해야 한다.
- 항공기 뒤쪽에 착석한 승객들이 엔진 시동 시 기름냄새가 많이 난다고 불만하는 경우가 종종 발생한다. 따라서 객실 뒤편에 근무하는 승무원은 브리핑 시, 또는 지상에서 객실 정비사에게 사전 문의하여 승객의 질문에 대처해야 한다.(보통 항공기가 시동걸 때 발생된 배기가스가 바람의 영향을 받아 다시 객실로 유입된 역류라고 한다)
- 지상에서 엔진 시동 시 항공기 뒤쪽 ZONE에서 기름 냄새가 발생하는 경우가 있으니 승객안내에 신경써야 한다.
- CREW BUNK 주변에 인화성 물질이 상당히 많이 존재하니 비행 중 화재가 발생하지 않도록 주의하며 승객이 BUNK에 출입하지 않도록 항상 잠가 놓아야 한다.

- 중간 GALLEY 내 엘리베이터 사용 시 사용규칙을 정확히 지켜야 하며 생수, 가방, 기타 작동에 방해가 되는 물품은 엘리베이터 내에 넣지 않는다.
- 승객짐 보관장소인 OVERHEAD BIN의 LOCKING 장치가 노후되어 확인절차를 생략할 경우 착륙할 때 열려 상해를 입히는 경우가 종종 발생한다. 객실승무원에 의한 재확인 절차가 반드시 필요하다.
- 내식을 올려놓는 MEAL TRAY TABLE의 경우 평평하지 않은 경우가 있어 뜨거운 음식 제공 시 미끄러져 화상입는 경우가 발생한다. 따라서 기내식 제공 전 객실승무원에 의한 재확인 역시 필요하다.
- UPPER DECK에서 계단을 이용하여 아래로 내려갈 때 계단에 유의한다. 여기서 넘어져 상해입은 객실승무원이 상당수 존재한다. 특히 무겁거나 버거운 물건은 절대로 계단을 이용하지 말고 시간이 좀 걸리더라도 엘리베이터를 이용하여 운반하도록 한다. 일전 객실승무원이 Service Cart를 갖고 내려오다 발을 헛디뎌 엄청난 상해를 입은 사례가 있다.
- GALLEY 안에 설치되어 있는 대형 쓰레기통의 시건장치가 제대로 맞물려 있지 않을 경우 이착륙 시 밀고 나와 큰 소음과 불편함을 줄 수 있으니 GALLEY WASTE CONTAINER LOCKING에 신경써야 한다.

B747-400 COMBI 항공기 탑승 시 유의사항

B747 combi 항공기란?

일반적인 여객기는 항공기 하단부에 화물을 탑재하고 상단부에 여객을 탑승하여 운항하고 있으나, combi 항공기는 하단부에 화물을 탑재한 후 상단부에도 여객과 화물을 동시에 탑승/탑재할 수 있는 경제적인 항공기를 말한다.

보유항공사

- 대한항공   • 아시아나항공

▲ B747-400 combi 좌석배치도 : 제일 뒤쪽 클래스가 화물칸으로 되어 있다.

B747-400 콤비(combi) 객실승무원 업무 시 유의점

- 상기 항공기는 B747-400 항공기의 제일 뒷 ZONE을 화물칸으로 만들어 화물과 여객을 동시에 운송할 수 있도록 제작되었다.

- 항공기 지상준비 시 화물칸의 화재를 진압할 수 있는 대형 소화기 및 화재진압장비를 반드시 확인해야 한다.

- 지상에서는 객실에서 화물칸의 상태를 관찰할 수 있는 VIEW FINDER의 상태를 관찰하고 미흡 시 정비사에게 고지한다.

- 항공기가 목적지에 도착하면 승객이 내리기 전 항공기의 기울기를 조절하기 위해 꼬리부분에 POLE을 설치해야 하므로 약 3~5분간의 시간이 소요되니 감안하여 하기절차에 반영해야 한다.

- 보통 UPPER DECK은 일반석 좌석으로 설치되어 운항되는 경우가 많다.

- 마지막으로 비상시나 화재 진압 시 화물칸을 열고 들어갈 때 필요한 열쇠가 조종실과 NO4 DOOR 근처에 준비되어 있다. 지상에서 반드시 확인한다.

쉬어가기 항공상식

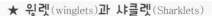

★ 윙렛(winglets)과 샤클렛(Sharklets)

항공기의 주날개 끝부분에 위로 구부러져 있는 작은 날개 윙렛은 널리 알려져 있다. 날개(wing)+작은 것(let), 즉 작은 날개라는 뜻이다. 윙팁(wingtip)이라고 부르기도 한다. 그런데 최근 들어 에어버스 A320 기종을 중심으로 샤클렛(Sharklets)이라는 윙렛과 비슷하게 생긴 것이 등장했다.

종전까지 주날개 끝에 장착돼 있던 윙팁·펜스(Wingtip Fence=윙렛)를 대체하는 것으로, 가벼운 탄소복합재료로 제작된 높이 약 2.4m의 샤클렛은 연료소비를 최대 4% 개선했다. 항속거리를 약 100해리(약 185km) 늘렸고, 페이로드(payload)를 최대 450kg 증가시켰다. 또한 연간 CO_2 배출량을 약 1,000톤 삭감시켰다. 이것은 자동차 약 200대가 배출하는 CO_2의 양에 상당한다.

2010년 6월, 핀란드항공(AY)이 보유기종인 B757-200의 후계기로 에어버스의 A321-200기를 발주했다. 2013년 가을 출고된 이 항공기에는 주날개 끝에 샤클렛(Sharklets)이 장착됐는데, 이것이 최초의 샤클렛 장착 A321이라고 한다.

윙렛과 샤클렛은 무엇이 어떻게 다르다는 것인가? 양사제품의 차이는 제쳐두고서

라도, 주날개 끝부분에 장착하여 공기저항을 줄여서 결과적으로 연비를 높인다는 기능은 똑같다. 모양새도 거의 비슷하다. 그렇다면 단지 부르는 이름이 다를 뿐 똑같다고 해도 다를 바 없다.

2011년 말, 에어버스는 샤클렛을 내놓으면서 보잉사의 윙렛에 대해 도전장을 내놓았다. 그러면서 미국에서, 보잉사의 협력회사로 보잉사에

윙렛을 납품하는 애비에이션·파트너스(API)社를 상대로 소송을 제기했다.

그러면 에어버스는 왜 소송을 일으켰을까? 결론적으로 '특허료는 내지 않겠다'는 의사표시라는 분석이다.

API는 윙렛 특허를 보유하고 있으며, 2013년 2월 1일까지 유효하다. 그런데 에어

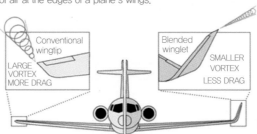

Winglets cut drag, and boost fuel efficiency, by shrinking the vortex of air at the edges of a plane's wings.

Conventional wingtip
LARGE VORTEX MORE DRAG

Blended winglet
SMALLER VORTEX LESS DRAG

버스는 샤클렛을 개발, 장착하기에 앞서 API에 대해 문서와 구두로 "특허료를 지불하라."고 통고했다. 그리고 에어버스는 사실 API가 지니고 있는 특허기술보다 좋은 기술을 개발하여 사용하고 있기 때문에, '(에어버스가 API에 대해) 특허료를 지불하지 않겠다'라는 뜻을 확정짓기 위한 선제공격식 소송인 것으로 업계에서는 보고 있다.

기술혁신이 빠른 속도로 진전되는 첨단기술 세계에는 여러 가지 특허가 흩어져 있다. 그리고 이들 모두를 사용하면 비용이 올라가는 것도 현실이다. 그래서 이런 식의 꼼수(?)가 동원된다는 것이다.

지난 5년간 에어버스사에 납품해 온 API가 느닷없이 소송을 당한 꼴이 됐다. API는 보잉말고도 다소항공(Dassault Aviation), 호커(Hawker Aircraft), 걸프스트림(Gulfstream)에 윙렛을 납품하면서 이 특허를 사용하고 있다.

윙렛이나 샤클렛이나 모두 날개 끝의 와류(소용돌이)를 줄여서 그로 인해 발생하는 유도항력을 감소시켜 연료소비를 3.5~4% 가량 감소시키는 장치이다.

샤클렛은 A320 시리즈에 옵션사항으로 되어 있으나 A320neo 시리즈에서는 표준장비로 되어 있다. 이 샤클렛은 대한항공 항공우주부문그룹에서 제작 및 납품하고 있다.

Galley

Emergency Exits

Lavatory

Main Cabin Door

Emergency Exits

Chapter

69

B747-8i

(대한항공)

PAX Aircraft Cabin Structure

01. B747-8i 항공기(KE) 좌석 및 객실구조

▲ 일등석(First class) 6석

▲ 비즈니스 클래스 48석(일층 26석 /이층 22석)

▲ 일반석 314석 좌석배열 3-4-3 형태로 되어 있다. 총 좌석수 = 368석 장착

▲ 일반석 좌석 AVOD 화면

▲ 일반석 좌석 등받이 뒷면

▲ 일반석 제일 뒤편 좌석

▲ 일반석 클래스 전경

▲ 일반석 충전장치(ISPS-In Seat Power System) 좌석하단 충전장치

▲ 일반석 승무원용 Jump Seat

▲ 1층과 2층을 연결해 주는 계단

▲ 객실 내 설치되어 있는 코트룸 모습

▲ 코트룸(Coat room) 내부

▲ 747 8i 객실 전체 전경

▲ 747 8i 조종실 출입문

02. B747-8i 객실조절장치

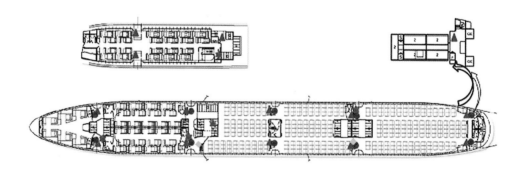

■ Cabin Attendant Panel (CAP)　● Attendant Switch Panel (ASP)　▲ Cabin Attendant Handset (CAH)　◆ Crew Terminal (CT)

CAP(Cabin Attendant Panel)

- 설치장소 : 항공기 내 L1, L2, R4. U/D 갤리 내 설치
- Cabin System을 제어하는 CAP(Cabin Attendant Panel)은 L1, L2, R4, UD Galley 벽면에 장착되어 있고 CSS(Cabin Services System)을 Control하는 Panel 이며 주기능은

① 객실조명 조절(Cabin lighting control)

② 승객 CALL 조절 및 위치파악(Attendant call)

③ 객실온도 조절(Cabin temperature control)

④ 음용수 및 오수탱크 상태파악(Water/Waste tank status)

⑤ 객실도어 닫힘상태 파악(Door status)

⑥ 각종 경고메시지(Alert message)

를 표시하고 객실승무원에게 알려주는 역할을 한다.

인터폰(Interphone, 핸드셋 Handset)

인터폰(핸드셋, Handset)이란 객실/운항승무원이 서로 통화하고 방송을 가능하게 하는 도구를 말하며, 모든 승무원의 점프시트(Jump Seat)에 설치되어 있다. 다른 항공기에 비해 특이한 점은 사진과 같이 인터폰(Interphone : 핸드셋, Handset)이 구조 물의 안쪽에 설치되어 있어서 사용 시에는 아래로 내려서 빼고 사용 후에는 아래에서 위로 밀어 넣게 되어 있으며 현재까지 모든 항공기의 인터폰은 PTT 버튼이 인터폰(Interphone : 핸드셋, Handset)의 아래에 부착되어서 한 손으로 누르고 송화나 기내방송이 가능하였으나 747-8i 항공기의 PTT 버튼은 인터폰(Interphone : 핸드셋, Handset)의 상부에 설치되어 두 손을 사용해야만 하는 특징이 있다.

- PTT 버튼 : PUSH TO TALK의 약어로서 이 버튼을 눌러야 상대편과 통화 및 기내방송이 가능하다.

▲ 점프시트에 설치되어 있는 인터폰(Interphone : 핸드셋, Handset) 외부모습 / 내부모습

▲ 벽면장착 인터폰 모습   ▲ 인터폰 꺼내는 모습   ▲ 꺼내진 인터폰

인터폰(Interphone : 핸드셋, Handset) 사용법

1. Handset을 꺼낸 후, 2 digit Number 입력 Enter

2. UP & DOWN 버튼을 이용하여 선택 후 Enter

   ① 수신 STN-Chime, Master Call Light(Red) 점등

   ② Display 창에 호출장소 표시, Red 점멸

   ③ 통화 중일 때는 BUSY로 표시

   ④ INVALID ENTRY 표시됨(잘못된 호출)

   ※ CART LIFT 옆 MD/UD PR Galley 각 1 개씩 장착

기내방송하는 방법

점프시트나 벽면에 설치되어 있는 인터폰을 꺼내어 4로 시작하는 2자리 숫자를 누르고/PTT^(Push To Talk) 버튼을 누른 상태에서/방송하며/끝나면 Reset 버튼을 누른다.

- 방송우선순위
  ① Flight Interphone^(F/D 조종실이 최우선)
  ② Cabin Handset^(Priority/Normal)
  ③ PRAM^(Pre-recorded Announcements)
  ④ Video Area Announcements
  ⑤ Boarding Music

▲ 기내방송 시작 전 방송 key를 누른모습-46

B747-8i 기종의 비상신호와 긴급신호

- 비상신호^(Emergency sign)와 긴급신호^(Urgent sign)의 차이
  ✔ 비상신호 : 항공기 순항 중 객실 내 테러, 기내난동, 응급환자 발생 시 운항승무원을 포함한 전 객실승무원에게 비상사태를 알리기 위한 신호
  ✔ 긴급신호 : 항공기 고도가 10,000ft 이하 비행 시 객실승무원이 항공기의 이상이나 객실안전에 문제가 발생될 수 있거나 발생되었을 때 운항승무원에게 긴급히 알리기 위한 신호

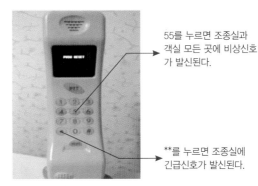

55를 누르면 조종실과 객실 모든 곳에 비상신호가 발신된다.

**를 누르면 조종실에 긴급신호가 발신된다.

▲ 747-8i 항공기 비상신호와 긴급신호

B747-8i 비상신호	B747-8i 긴급신호
인터폰 키패드에서 "5" 버튼을 2회 누른다.	인터폰 키패드에서 "＊" 버튼을 2회 누른다.

03. B747-8i 객실 Door (Emergency Exit)

해당 항공기에는 총 12개의 Door(Emergency Exit)가 설치되어 있으며 1층에 설치되어 있는 10개의 도어(Emergency Exit)는 동일하게 작동하나 2층에 설치되어 있는 도어는 1층 도어와 다른 방식으로 운영된다. 특히 주목해야 될 점은 1층에 설치되어 있는 도어(Emergency Exit) 중에서 제일 뒤편(L5, R5 Door) 도어의 핸들이다. 아래의 그림에서 느낄 수 있지만 도어가 완전히 닫긴 상태에서 도어 오퍼레이션 핸들(Door Operation Handle)의 위치가 제일 뒤편 도어가 훨씬 아래쪽으로 처진 것을 볼 수 있다. 따라서 747-8i 항공기의 제일 뒤편의 오른편/왼편 도어를 닫을 때에는 도어 오퍼레이션 핸들(Door Operation Handle)에 체중을 완전히 실어 안내려갈 때까지 힘차게 누르는 것이 필수적이다.

▲ L1 Door 모습

▲ Upper Deck Door 모습

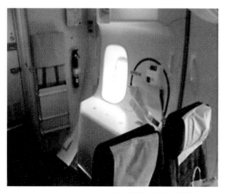

▲ 1층 제일 뒤편 왼편 Door 모습(각도주의) L2 Door 열린 모습

어퍼덱(Upper Deck) 포함하여 모든 도어(Emergency Exit)의 작동법은 747-400 기종과 동일하니 앞장의 "747-400 Door Operation"을 참조하기 바란다.

완전 닫힘상태에서 main deck 제일 뒤편 도어를 제외한 일반 도어의 도어 오퍼레이션 핸들 각도(90도 정도)

완전 닫힘상태에서 항공기 제일 뒤편 L5, R5 도어 오퍼레이션 핸들 각도가 일반도어 대비 아래로 처진 것을 볼 수 있다 (100도 정도). "주의"

04. B747-8i 갤리(Galley)

B747-8i 항공기에는 총 4개의 갤리(Galley)가 설치되어 있으며 위치는 항공기 L1 Door(일등석), L2 Door(비즈니스/일반석), L4 Door(일반석), Upper Deck(비즈니스) 후방에 각각 설치되어 있다. 갤리의 구조물과 사용법은 747-400 기종과 동일하나

① 갤리 화재 시 전원을 통제하는 서킷브레이커(Circuit Breaker)의 배열이 간소하고

② 2층과 1층에서 기내식 및 기물을 운반할 수 있는 엘리베이터(Elevator)가 업그레이드되었으며

③ 기내식을 가열하는 오븐이 건식과 습식을 함께 사용할 수 있는 점이 특이하고(747-400 기종은 건식오븐만 장착되어 있다)

④ 갤리(Galley)와 객실을 구분하는 갤리커튼(Curtain)의 재질이 특성화(방염, 방풍, 방소음)된 소재를 사용하였다.

아래의 사진은 747-400 기종에 비해 다른 갤리구조물을 사진과 함께 설명하였다.

▲ 간소화된 서킷브레이커(Circuit braeker) 최신형 엘리베이터

▲ 엘리베이터 내부　　　　　　▲ 건식/습식 사용 가능한 오븐(Oven)

▲ 재질이 특성화된 갤리커튼　　▲ 대용량 쓰레기통　　▲ 초현대식 마이크로웨이브 오븐
　　　　　　　　　　　　　　　　　　　　　　　　　　　　(Microwave oven)

05. B747-8i 화장실

해당 항공기의 화장실은 기내에 총 12개 설치되어 있으며 아기기저귀 교환할 수 있는 장치가 구비된 곳은 9곳이고 모든 화장실이 747-400 항공기와 비슷한 구조이나 시설물이 초현대식으로 제작되었으며 다른 항공기에 비해 특이한 점은

① 승객이 화장실을 사용 중이거나 비어 있을 때 지시하는 표시등이 눈에 잘 띄게 하였고

② 화장실에서 급히 객실승무원을 호출할 필요가 있을 시 누르는 콜버튼의 모양을 바꿨으며

▲ 비어있는 화장실(녹색등)

③ 아기 기저귀를 교환할 수 있는 화장실의 숫자와 기저귀 교환대의 모양이 오목한 형태의 기저귀 교환대를 설치하였다.

④ 또한 장애인이나 아기가 옷에다 배변을 하였을 경우 바지를 벗기고 씻길 수 있도록 조그만 보조의자를 화장실 내에 설치하였다.

⑤ 마지막으로 화장실 내에 담배를 끌 수 있는 앙증맞은 재떨이를 설치한 것이 특이하다.

▲ 사용 중인 화장실(적색등)

따라서 747-400 항공기 화장실에 비해 차이가 있는 부분만 사진과 함께 학습해 보도록 하자.

▲ 승무원 호출버튼

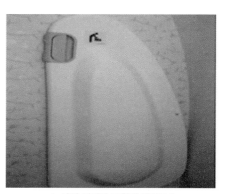

▲ 아기 기저귀 교환대 접힌모습

▲ 승무원 호출버튼

▲ 아기 기저귀 교환대 접힌 모습

▲ 장애인 또는 아기 바지 벗기는 보조의자 접힌 모습

▲ 보조의자 펼친 모습

▲ 화장실 재떨이 접힌 모습

▲ 화장실 재떨이 펼친 모습

※ 옷걸이 모양으로 되어있으나 실제로는 재떨이(ash tray)이다. 재떨이(ash tray)를 설치해 놓은 이유는 담배를 피우라는 의미
가 아니라 혹시 담배를 피우는 승객이 있으면 빨리 이곳에 끄라는 의미이며, 항공기 내·외부는 절대 금연지역이니 독자의
오해가 없었으면 한다.

06. B747-8i Bunk

해당 항공기 승무원 휴게실(Bunk)의 특징은 747-400 항공기와 BUNK 위치 (R5 DOOR 후방) 및 계단을 통해 올라가는 방법은 동일하나, 747-400 기종이 8개의 침대와 2개의 의자를 설치한 반면, 747-8i 기종은 기존의 의자를 없애고 10개의 침대로 이루어져 있는 것이 특이하다. 일반적으로 객실승무원이 10시간 이상의 장거리 비행을 할 때 전체 인원(약 16명)을 8명씩 나누어 A, B조로 편성하여 휴식시간을 제공한다. 휴식시간은 각 조별로 약 2시간 정도이며 탑승객의 숫자에 따라 가감하기도 한다.

▲ 10개의 침대로 이루어진 Crew bunk

침대는 1층과 2층으로 설치되어 있으며 일반적으로 주니어 승무원이 올라가야 하는 2층을 사용하고 시니어 승무원이 사용하기 편리한 1층을 사용하는 경향이 있다.

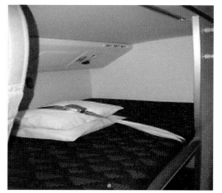

▲ 개인별 침대 모습

▲ Bunk 내 온도 조절판

▲ 개인 침대 머리위 조절장치

Galley

Emergency Exits

Lavatory

Main Cabin Door

Emergency Exits

Chapter

10

PAX Aircraft Cabin Structure

AIRBUS A380

(대한항공, 아시아나항공)

01. 국내항공사의 A380 항공기 특징과 제원

A380 제원

- 동체길이 : 72.8m
- 동체폭 : 7.14m
- 날개폭 : 79.8m
- 날개면적 : 845m
- 높이 : 24.1m
- 최대이륙중량 : 560톤

- 표준운영중량 : 296톤
- 최대탑재중량 : 65톤
- 연료탑재용량 : 323,573톤
- 최대운항거리 : 13,473km
  (서울에서 중남미까지 비행 가능)
- 속도 : 마하 0.85

▲ 아시아나 항공사의 A380

▲ 대한항공 항공사의 A380

국내항공사별 A380 좌석배치

A380에는 Door가 Main Deck 10개, Upper Deck 6개 총 16개의 비상탈출 구가 동체에 설치되어 있다.

아시아나항공 A380

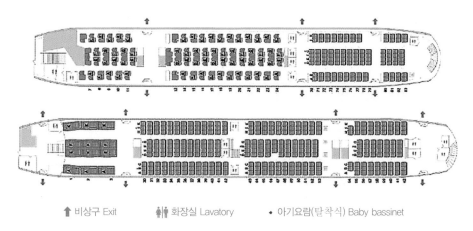

↑ 비상구 Exit   👫 화장실 Lavatory   ◆ 아기요람(탈착식) Baby bassinet

▲ 아시아나항공 A380 좌석배치도

대한항공 A380

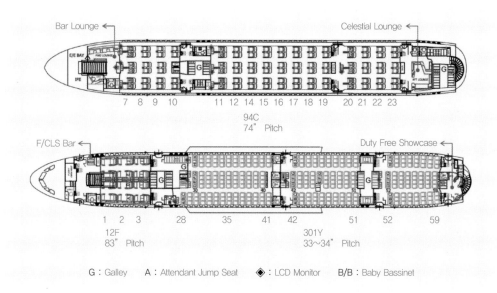

G : Galley   A : Attendant Jump Seat   ◆ : LCD Monitor   B/B : Baby Bassinet

▲ 대한항공 A380 좌석배치도

A380 항공기와 B747-400 항공기의 동체비교

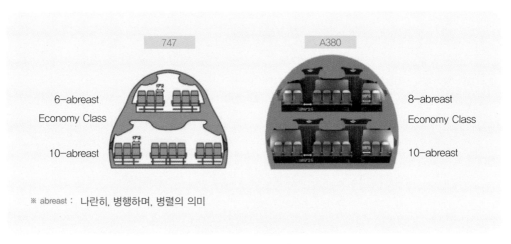

747   A380

6-abreast
Economy Class

10-abreast

8-abreast
Economy Class

10-abreast

※ abreast : 나란히, 병행하며, 병렬의 의미

▲ The widest economy-class seat : over 1˝ wider seats than on a 747

A380 비행기와
B747-400 비행기의
단순비교표

- 최대탑승객 : 853명(Main Deck 538명, Upper Deck 315명)
- 최대이륙중량 : 569톤
- 엔진 : 미국 엔진 얼라이언스社 GP7270 터보팬엔진 4대
- 항공기 형상 비교

구분	승객수	최대이륙중량	날개길이	동체길이	높이
A380-861	853명	569톤	80m	73m	24m
B747-400	630명	396톤	65m	70m	19m

그래픽 처리한 A380-861

축구장과 비교해 보니

A380

길이 *72.8*m

날개폭 *79.8*m

보잉 747-400과 비교해 보니
- A380
- 보잉 747-400

*70.7*m

HL 7611

64.4m

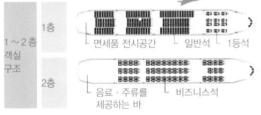

1~2층 객실 구조

1층

면세품 전시공간   일반석   1등석

2층

음료·주류를 제공하는 바   비즈니스석

24.1m

16 ▶ 승객 출입문 수
407 ▶ 좌석 수

▶ 10층 건물 높이
▶ 기린 5마리 높이

*3,600*L
▶ 외관을 도색하는 데 필요한 페인트 양
▶ 로마의 시스틴대성당 천장화를 97번 칠할 수 있는 양

*560*t
▶ 코끼리 112마리 무게
▶ 중형자동차 362대와 같은 무게

자료 : 그래픽 박경민 차준홍 기자

02. 좌석 및 객실 구조

A380 좌석

First Class 좌석	Prestige Class 좌석	Economy 좌석

• 장착 좌석 : 12석 • Pitch : 83″ • Recline : 180˚ • 23″ LCD Monitor • ISPS 이용 가능	• 장착 좌석 : 94석 • Pitch : 74″ • Recline : 180˚ • 15.4″ LCD Monitor • ISPS 이용 가능	• 장착 좌석 : 301석 • Pitch : 33~34″ • Recline : 118˚ • 10.6″ LCD Monitor • ISPS 이용 가능

A380 기내전경

▲ 대한항공 A380 일등석 전경

▲ 비즈니스 클래스 전경

▲ 일반석 전경

▲ 아시아나 A380 일등석

▲ 비즈니스석

▲ 일반석

▲ 전방(아래에서 위로 찍은 사진)　　▲ 위에서 아래로 찍은 사진　　▲ 후방

아시아나항공기와 대한항공 A380 항공기는 전방계단 밑에 일등석이 설치되어 있어서 전방 계단을 이용할 시에는 밑에 위치한 승객이 불편을 느끼지 않도록(특히 야간비행 시) 각별한 주의가 필요하다.

A380 후방에 설치되어 있는 AFT DUTY FREE 센터

▲ AFT DUTY FREE 센터　　　　　　　▲ 양주전시장

사진에서와 같이 대한항공 A380 항공기 최후방에는 면세점 물품을 전시하고 판매하는 면세품 코너(Duty Free Corner)가 설치되어 있으며 담당 승무원도 배정되어 있다. 따라서 탑승한 승객은 자유롭게 항공기 후방 면세품 코너에서 전시된 모든 물건의 샘플을 볼 수 있고 구입도 할 수 있어서 편리하다.

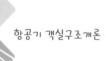

03. 객실조절장치 (FAP-Flight Attendant Panel)

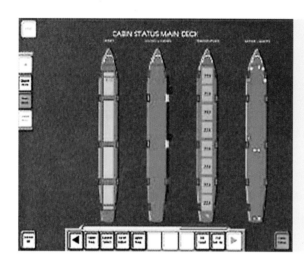

- FAP의 화면은 터치 스크린 방식이며 스크린 하단에는 CIDS 화면과 Menu 화면을 선택할 수 있는 Hard Key가 있다.
- Cabin Status 페이지에서는 각각 다른 기능을 나타내는 항공기 모양이 최대 5개까지 디스플레이되며, 항공기 모양을 선택하면, 해당 기능을 조절하는 화면으로 이동한다.

FAP의 화면은 Touch Screen 방식이며 스크린 하단에는 Hard Key가 설치되어 있다. FAP에서는 객실의 조명, 항공기 도어의 열림/닫힘 상태, 객실온도, 음용수 잔량, 오물탱크의 잔량 등을 알 수 있으며 상당히 다양한 기능을 갖추고 있다.

FAP의 여러 기능

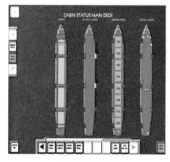
❶ 조절창 안내

❷ Hard Key

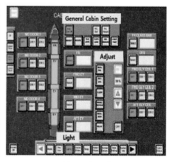
❸ 조명조절

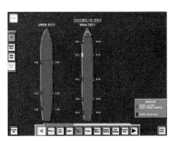

❹ 객실도어상태

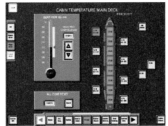

❺ 객실온도조절

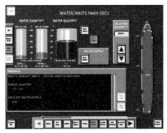

❻ 물탱크, 오물잔량

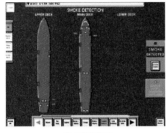

❼ 화재감지

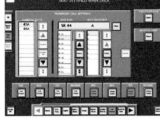

❽ Seat Setting

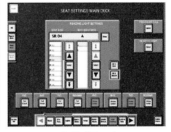

❾ 독서등조절

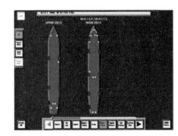

❿ 문제점 파악

⓫ IFE 전원조절

⓬ CIDS

❶ 조절창 안내−FAP의 전체 화면을 누르면 객실조명, 도어닫힘상태, 객실온도, 슬라이드 Arming 상태를 나타내주는 창이 생성된다.

❷ 하단의 Hard Key는 승객좌석의 전력공급, 전체 조명조절, 화장실상태, 스크린 잠김상태, 탈출신호장치를 제어할 수 있다.

❸ 객실 조명상태를 클래스별로 또는 전체적으로 모두 조절할 수 있는 기능이 있다.

❹ 객실 도어 슬라이드의 정상/팽창위치 상태를 알 수 있고 지상에서 조업하는 도어의 Open/Close 상황도 보여준다.

❺ 객실 온도를 클래스별로 조절할 수 있다.

❻ 음용수 및 오물의 잔량을 알 수 있다.

❼ 객실에 설치된 Smoke Detector를 이용하여 화재 및 연기감지상태와 장소를 알 수 있다.

❽ 승객좌석에 설치된 승무원 호출 버튼을 조절할 수 있다.(ON/OFF 기능)

❾ 승객의 독서등(Reading Light)을 조절할 수 있다.

❿ 각 기능의 문제점을 화면에 텍스트로 나타내 준다.

⓫ 승객좌석 및 기타 전원공급을 할 수 있는 장치를 조절해 준다.

⓬ CIDS(Cabin Intercommunication Data System) : 객실 내 모든 시스템을 작동시키고 조절하며 스크린하는 메인 시스템이다.

KE A380 항공기에만 특성화된 객실장치

▲ 갤리보호커튼

▲ 도어작동장치

▲ 갤리 내 와인오프너

▲ FAP하단의 하드키

▲ A380 화장실 자동급수 장치

▲ 보온을 위한 Hot Plate

▲ AVOD를 총괄하는 VCC

용어 정리

- **갤리보호커튼** : A380만의 특이한 장치로 승객 탑승과 하기 시 갤리의 모습을 자연스럽게 가릴 수 있는 장치이며 승객 탑승 시와 하기 시에만 사용한다.
- **도어작동장치** : A380 항공기는 도어를 전기식으로 닫고 열 수 있으며 이를 작동시키기 위한 Panel이다. 일명 DSIP라고도 하며 자세한 설명은 Door 란에서 볼 수 있다.
- **와인오프너** : 대한항공 항공기 중에서 유일하게 A380 기종만 설치되어 있는 상당히 편리한 장치이다.
- **FAP 하단의 하드키** : A380 객실구조 페이지에서 자세하게 설명되어 있으니 참조하도록 하자.(하드키: 핸드폰 액정처럼 터치해서 작동 하는것이 아니고 튀어나와있어 눌러야 작동되는 버튼을 말한다. 컴퓨터 자판을 보면 하드키 형식으로 되어있다.)
- **화장실 자동급수장치** : 최신형 항공기에만 설치되어 있는 장치로서 화장실 내 수도꼭지에 센서를 설치하여 손을 대면 자동적으로 급수가 가능하게 한 전자식 장치이다. 최근 생산된 항공기에는 대부분 상기의 자동급수센서가 장착된 Paucet이 설치된다.
- **보온을 위한 Hot Plate** : 대부분의 항공기에는 물을 끓일 수 있는 Hot Cup이 설치되어 있으나 A380 항공기에는 물을 끓일 수 있는 장치가 설치되어 있는 것이 아니라 보온만이 가능한 장치가 비치되어 있다. 따라서 라면 등의 조리는 마이크로웨이브 레인지나 뜨거운 물만 부어서 제공한다.(일명 Combo Plate 라고도 한다.)
- **VCC(Video Control Center)** : A380 항공기는 기존 항공기와 달리 특이한 구조의 VCC를 가지고 있다. Air Show, 2층 객실 BAR 화면 조절, 기판센터 Control 등을 VCC에서 조절한다.

객실승무원용 인터폰 시스템

기내에서 객실승무원 상호간의 의사소통을 원활하게 해주는 기구이며 인터폰 실시를 위한 핸드셋 설비는 조종실 및 객실의 각 객실승무원 위치에 있다.

통화하기 위한 방법은 핸드셋의 해당 기능버튼을 누른 후 녹색의 Send Button을 누른다. Reset을 위해서는 핸드셋을 원위치시키면 된다.

▲ A380 객실승무원용 인터폰/PA

▲ 인터폰 내부 모습

▲ 인터폰 내부 전경

▲ Jump Seat에 설치된 인터폰

▲ 내부기능

▲ 원하는 장소 선택된 모습

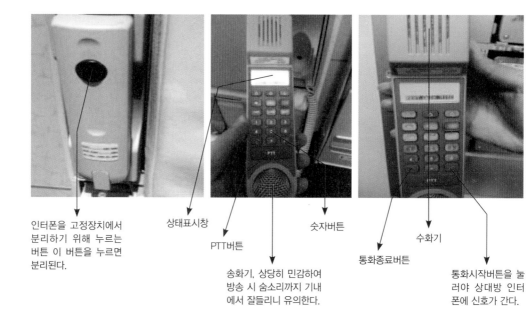

인터폰을 고정장치에서 분리하기 위해 누르는 버튼 이 버튼을 누르면 분리된다.

상태표시창

PTT버튼

송화기, 상당히 민감하여 방송 시 숨소리까지 기내에서 잘들리니 유의한다.

숫자버튼

통화종료버튼

수화기

통화시작버튼을 눌러야 상대방 인터폰에 신호가 간다.

A380 인터폰 사용방법

- 핸드셋의 해당 Function Key나 Soft Key를 누르고 녹색의 Send 버튼을 눌러 통화한다.
- 리셋시키기 위해서는 핸드셋을 원위치하기만 하면 된다.
- 비상신호는 Emer을 1초 이상 누르면 모든 운항/객실승무원이 비상상황 발생을 인지한다.
- 모든 객실승무원과 통화를 원할 때(Conference Call) : 모든 객실을 동시에 연락할 수 있는 버튼으로서 'CONF'와 핸드셋의 Soft Key를 눌러 'ALL'을 선택한 후 Send 버튼을 누른다.

- CAPT : 운항승무원과 통화
- PURS : 객실사무장과 통화를 원할 때 누르면 된다.

A380 기종의 비상신호와 긴급신호

비상신호(Emergency sign)와 긴급신호(Urgent sign)의 차이

- 비상신호 : 항공기 순항 중 객실 내 테러, 기내난동, 응급환자 발생 시 운항승무원을 포함한 전 객실승무원에게 비상사태를 알리기 위한 신호
- 긴급신호 : 항공기 고도가 10,000ft 이하 비행 시 객실승무원이 항공기의 이상이나 객실안전에 문제가 발생될 수 있거나 발생되었을 때 운항승무원에게 긴급히 알리기 위한 신호

* A380 기종은 비상신호와 긴급신호를 누르는 법이 동일하다.

A380 비상신호	A380 긴급신호
인터폰 키보드에서 "EMER" 버튼을 1초 이상 누른다. 또는 "EMER"을 누른 후 "SEND"를 누른다.	인터폰 키보드에서 "EMER" 버튼을 1초 이상 누른다. 또는 "EMER"을 누른 후 "SEND"를 누른다.

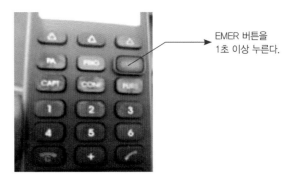

EMER 버튼을
1초 이상 누른다.

▲ A380 기종의 비상신호 및 긴급신호—동일함

A380 좌석에 장착된 전기공급장치 및 편의장치

ISPS—(IN SEAT POWER SYSTEM) FR/PR/EY CLS

비행 중 탑승한 승객의 핸드폰 및 휴대한 전자기기에 전기를 공급하기 위해 승객좌석 하단에 설치된 전기공급장치이다. 상위클래스에는 개인 좌석당 1개씩 설치되어 있고 일반석은 좌석 한 열당 1곳 정도가 설치되어 있다.

객실좌석

▲ A380 일반석 표준좌석　　　▲ 승객 탑승 전 세팅모습　　　▲ 좌석 뒷면

▲ A380 일반석 모니터　　　　　　▲ 리모컨　　　　　　▲ 리모컨 뒷면

▲ 좌석에 붙어있는 옷걸이　　▲ USB 충전장치　　▲ EARPHONE HOLE　　▲ A380 코트룸　　▲ 승객호출버튼 누른 상태　　▲ 승객호출버튼

※ A380 비행기는 A330과는 달리 Overhead에 승객 Call Light가 들어온다.

04. DOOR 구조 및 작동법

Door

　　A380 비행기에는 Door가 16개 있다.

　　A380 항공기 동체에는 Main Deck 10개, Upper Deck 6개 총 16개의 비상 탈출구가 설치돼 있으며 각각의 작동법과 비상탈출 시 사용하는 방법에 대해 다음의 그림과 설명을 통해 알아 보도록 하자. Upper Deck Door의 작동법은 Main Deck과 동일하나 Door의 구조 및 장치가 약간 상이한 부분이 있다.

▲ A380 Door Trainer(KE)　　　▲ Door 완전히 닫힌 모습　　　▲ Door 완전히 열린 모습

▲ 표준 Door(R1)　　　▲ 표준 Door(L1)　　　▲ Upper Deck Door　　　▲ Upper Deck 생존도구

A380 항공기 도어 슬라이드 모드 변경방법

도어 슬라이드 모드(Door Slide mode) 변경방법

객실사무장/캐빈매니저가 슬라이드 모드 변경방송을 실시함과 동시에 모든 승무원은 도어 슬라이드 모드를 정상위치 → 팽창위치, 팽창위치 → 정상위치로 변경한다.

① 슬라이드 모드 변경 방송 예-KE

2017년 5월부터 대한항공에서는 기내방송을 이용한 도어 슬라이드 모드 변경 방송을 실시하지 않고 객실사무장이 변경시점에 인터폰으로 전 승무원을 호출한 후, 다음의 문장과 같이 도어 슬라이드 모드 변경을 지시하고 인터폰을 종료한다. 잠시 후 다시 인터폰으로 전 승무원을 호출하여 담당 승무원이 모드를 변경한 사항을 순서에 의거 도어담당 승무원이 객실사무장에게 보고하는 것으로 시행하고 있다. 즉, 객실 내부, 승객은 절차에 따른 기내방송을 듣지 않게 되어 있다. 바뀌게 된 이유는 승무원이 방송을 실시하게 되면 승객이 시청하고 있는 비디오 화면이 정지되어 불편하다는 고객서신이 많이 접수되어 변경하게 되었다. 인터폰으로 슬라이드 모드 변경을 지시하는 절차는 동일하며 아래와 같다.

- 제1단계 : Cabin Crew Door Side Stand By.
- 제2단계 : Safety Check.
- 제3단계 : 객실사무장이 모든 승무원에게 인터폰 이용하여 Call 한다.
- 제4단계 : 제일 뒤편 승무원부터 'L5, L4, L3, L2 …… 이상없습니다'를 순서대로 객실사무장에게 연락한다. (항공기가 2층 구조로 되어있는 A380인 경우 L5, L4, L3, L2, UL3, UL2, UL1 이상없습니다 ……순으로 연락한다)

② 슬라이드 모드 변경 방송 예-OZ

- 제1단계 : 전 승무원은 Door Side로 위치하고 오른쪽 출입문 안전장치를 팽창(정상)위치로 변경하십시오.
- 제2단계 : 왼쪽 출입문 안전장치를 팽창(정상)위치로 변경하십시오.
- 제3단계 : 각 Door별 담당 승무원이 PA를 이용해 "출입문 안전장치를 팽창(정상)위치로 변경하고 상호 확인했습니다.'"라고 보고한다.

- **DOOR MODE 변경 절차 철저 준수**
  - 'STOP', 'THINK' and 'Arming lever 위치확인' 절차 준수
  - 반드시 CROSS CHECK 절차를 준수할 것
- **DOOR OPEN 시 2인1조 작동 절차 준수**
  - 특히, B737의 경우, 승객 하기순서 준수를 위해 사무장 1인이 DOOR를 작동하는 사례 금지

A380 항공기에 장착된 모든 도어는 동일한 사양이나 Upper Deck 6개 도어와 Main Deck NO3 도어는 Escape Slide가 Slide Bustle이 아닌 동체에 장착되어 있어 Door에는 Slide 보관용 Bustle이 없다.

- **A380 팽창위치**(Automatic/Armed Position) : 슬라이드 박스 덮개를 열고 Safety Pin을 뽑은 후 도어 슬라이드 손잡이를 왼쪽 팽창위치로 강하게 밀고 Safety Pin을 지정장소에 보관한다.

A380 항공기에 장착된 모든 도어는 항공기 고도가 24,000ft(약 7,200m) 이하에서 일정속도 이상 넘어가면 도어 잠김장치-Door Locking System가 자동적

❶ 팽창위치를 알려주는 표식
❷ 덮개커버
❸ 도어 슬라이드 모드 변경하는 핸들. 현재는 비행 중인 관계로 팽창위치에 있다.

❹ 정상위치를 알려주는 표식
❺ 덮개커버
❻ 도어 슬라이드 모드 변경하는 핸들. 현재는 비행 기가 주기 중인 관계로 정상위치에 있다.
❼ Safety Pin, 정상위치에 있을때만 꼽는다.

으로 작동되어 항공기 문을 열 수 없다.

- A380 정상위치(Manual/Disarmed Position) : 슬라이드 박스 덮개를 열고 도어 슬라이 드 손잡이를 오른쪽 정상위치로 강하게 밀어 정상위치로 돌린 후 일정장소에 보관해둔 Safety Pin을 꽂는다.

Safety Pin이란?

A330/B747/A380 항공기의 도어모드가 정상위치(Manual/Disarmed Position)에서 팽

앞쪽의 베어링이 튀어 나와 있어서 뽑히지 않는다.

누름쇠를 누르면 앞쪽의 베어링이 안쪽으로 들어 가서 뽑을 수 있다.

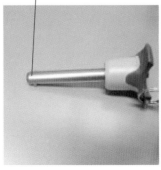

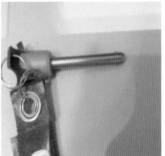

▲ 뒷쪽 누름쇠 누르기 전 모습   ▲ 뒷쪽 누름쇠 누른 모습   ▲ 전체 모습

창위치(Automatic/Armed Position)로 넘어가지 않도록 정상위치 상태에서 고정핀을 삽입하여 움직이지 못하도록 하는 장치이다. 도어모드를 팽창위치로 옮기기 위해 Safety Pin을 뽑으려면 뒤쪽의 누름쇠를 누른상태에서 잡아 당기면 뽑힌다.

A380 항공기 도어구조 설명

❶ Trash Hold Light(도어주변 조명장치)
❷ 도어 개폐 시 사용하는 버튼
❸ Assist Handle
❹ Viewing Window
❺ Door Operation Handle
❻ 도어핸들 조작방향을 가리키는 표식.
  화살표 방향으로 들어 올리면 열린다.
❼ 조명등
❽ 슬라이드 모드 조작장치
❾ Slide Bustle

▲ A380 Slide Bustle

▲ A380 도어 Handle

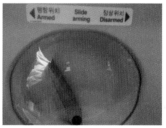

▲ A380 Door Slide Mode Lever

Door Open & Close 절차

Door Open

- Fasten Seatbelt Sign이 Off되었는지 확인한다.
- Arming Lever가 Disarmed 위치에 있는지 확인한다.
- Assist Handle을 잡고 Door Operating Handle을 완전히 들어 올린다.

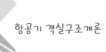

- DSIP^(Door and Slide Indication Panel)의 Open Button을 도어가 완전히 개방될 때 까지 누르고 있다.
- DSIP에 "FULLY OPEN" 사인이 점등될 때까지 누르고 있다.

Door Close

- Door Safety Strap이 설치되어 있으면 제거한다.
- Assist Handle을 잡은 채로 DSIP상의 "CLOSE" 버튼을 Door가 완전히 안쪽으로 들어올 때까지 누르고 있다.
- Assist Handle을 잡은 채로 Door Operating Handle을 완전히 내려 닫는다.
- Viewing Window 하단에 잠금표시인 "LOCKED"를 확인한다.^{(완전히 닫히지} 않았을 경우에는 "UNLOCKED"가 보인다)

▲ DSIP

TIP Door 작동 전 주의사항

모든 Door 작동 전 Viewing Window 아래 부분에 있는 붉은색의 Cabin Pressure Warning Light가 점등되어 있는 경우 Door를 개방하지 말고 즉시 기장이나 사무장에게 연락한다.^(쉭~하는 소리가 들린다)

용어 정리

- DSIP : 항공기 도어를 열고 닫는 전자식 버튼 방식의 개폐장치
- Viewing Window : 항공기 도어를 열 때 외부상황을 관찰하는 창문
- Assist Handle : 항공기 도어를 열고 닫을 때 추락방지를 위해 잡은 고정식 손잡이
- Safety Pin : 도어 모드를 Disarmed Position으로 하고 고정시키는 핀
- Door Operation Handle : 항공기 도어를 열고 닫을 때 사용하는 핸들
- Door Locking Indication : 도어가 완전히 닫혔는가를 표시하는 창

* **DSIP** : A380 항공기에만 장착되어 있으며, 항공기 Door를 열고/닫는 데 사용하는 패널(panel)을 말한다.

A380 항공기 비상시 Door 팽창시키는 방법

- 먼저 외부상황을 정확히 판단한다.
- Arming Lever가 팽창위치(Armed Position)로 정해져 있는지 확인한다.
- Assist Handle을 잡고 Door Operation Handle을 Open 쪽으로 밀어 올린다.
- 항공기 도어는 자동적으로 개방되며 동체에 Gust Lock된다.
- Escape Slide가 팽창되지 않을 경우에는 Door 우측 중단에 설치되어 있는 Manual Inflation Push Button을 강하게 누른다.
- Slide/Raft 사용 가능한지 여부를 파악한다.
- 모든 Door는 오퍼레이팅 핸들을 70도 이상 들어 올리면 Door Frame 우측 상단에 설치된 Manual Inflation Push Button이 붉은색으로 점등되며 즉시 사용 가능한 상태로 된다.

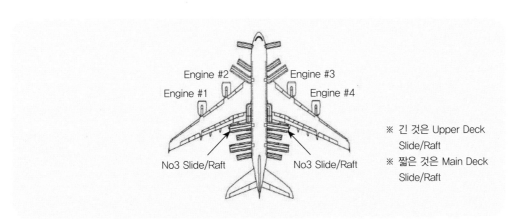

▲ A380 항공기 모든 도어의 팽창된 상태를 그래픽 처리한 모습

- Door Mode가 Armed일 경우에 객실 압력이 외부 기압과 차이가 있더라도 Cabin Pressure Warning Light가 켜지지 않으며 경고음도 울리지 않는다.
- No3 Door에는 기체 후방을 향하는 Ramp Slide만 장착되어 있어서 비상

▲ A380 DOOR MANUAL INFLATION BUTTON

착수 시 사용할 수 없으며 승객은 다른 Door로 안내해야 한다.

- No1 Door에는 비상착륙 시 기수가 들려 슬라이드가 완전히 땅에 안닿을 경우가 발생 시 탈출승객의 부상방지를 위해 미처 안닿은 부분까지 펼쳐지는 보조 슬라이드가 장착되어 있다. 해당 보조 슬라이드는 항공기 기수가 2.5도 경사졌을 때 자동으로 펼쳐진다.

▲ ESCAPE SLIDE INFLATION BUTTON 위치

만일 팽창이 실패하여 사용 불가할 경우 DSIP의 "Slide Not Ready" 버튼이 붉은색으로 점등되며 경고음이 약 2분 정도 울리게 된다. 이 경우 승객들을 사용 가능한 다른 출입구로 이동시킨다.

- Mooring Line : 비상착수 시 탈출한 슬라이드를 구명정으로 이용하게 되는데 탑승승객이 완벽히 탈출할 때까지 비행기 동체에 Slide/Raft가 붙어

▲ A380 ESCAPE SLIDE 팽창된 모습

▲ ESCAPE SLIDE 팽창된 모습(뒷쪽에서 볼 때)

▲ UPPER DECK ESCAPE DOOR 팽창된 상태

▲ OVERWING EXIT(NO3 DOOR) 팽창된 상태

있어야 한다. 비상탈출을 못하고 혹시 남아있을지 모르는 승객, 귀중한 탈출장비, 신호장비를 기내에 두고 왔을 경우 다시 기내에 진입하기 위해 항공기와 구명보트를 연결해 주는 일종의 연결끈이며 탈출이 완료된 후 항공기가 깊은 심해로 가라앉기 전 동반 침수를 피하기 위해 구명보트에 부착된 칼로 잘라내야 한다.

05. GALLEY의 구조 및 시설

A380 갤리 특징

- 상단 설비 : 습식 오븐,
  커피메이커, Water Boiler,
  전자레인지(GM2A에만)
- 하단 설비 : Cart 보관
  Chiller

A380만의 특이한 갤리장비

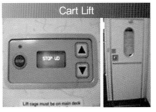

- Combo Boiler
  기존의 Hot cup 방식과 다
  소 상이함
  (반드시 pre heating된 물 사용)

- Roll Screen
  미관상 승객 탑승·하기 시
  통로로, Galley를 방염 소
  재의 Screen으로 가려 내
  부가 보이지 않게 함

- Cart Lift
  ❶ M/D No2 Door Galley ↔
  Upper Deck No1 Galley
  ❷ M/D R5 Door Galley ↔
  Upper 최후방 R Side

▲ A380 FWD GALLEY

▲ A380 MID GALLEY

갤리 각종 장치

❶ Circuit Breaker

❷ Water Drain

❸ Paucet & shut off valve

❶ **서킷브레이커**(CIRCUIT BREAKER) : Circuit Breaker란 전원차단 역할이 주목적으로 설치되어 있으며 과부하 현상 발생 시 자동으로 튀어나오고 화재 시나 필요 시 설비의 해당 Circuit Breaker 까만색 튀어나온 부분을 잡아 당긴다.

★ **전원 재연결** : 과부하 현상이 제거된 후 Circuit Breaker를 누른다. 화재 진압 후에는 재연결하지 않는다.

❷ Water Drain : 비행 중 발생되는 순수한 물을 버리는 장치이다. 음료수나 이물질이 포함된 액체는 버리지 않고 모아서 화장실에 버린다.

❸ Water Paucet : 음용수가 나오는 수도꼭지를 말한다.

❸ Water Shut Off Valve : 갤리에 공급되는 수돗물을 잠그는 장치이며 비상시 물을 잠궈 더 이상의 피해가 없도록 하는 장치이다.

▲ 갤리 내 엘리베이터

▲ 최신형 커피메이커

▲ 고정식 와인오프너

▲ 갤리 내 인터폰

▲ 최신형 카프치노 커피메이커

▲ 커피메이커와 워터보일러 세팅

최신형 습식 OVEN

A380 Galley 내에는 다음 사진과 같은 최신형 오븐이 설치되어 있다. 해당 오븐은 습식 기능을 갖추고 있어 가열 중 음식이 지나치게 눌어붙거나 타는 현상을 방지하며 계속 뜨거운 증기를 공급하여 항상 촉촉한 맛을 유지하는 기능이 있다. 또한 건열오븐보다 조리 시간이 매우 짧은 장점 또한 갖추고 있다. 작동법은 다음과 같다.

▲ A380 신형 Oven 소개

▲ OVEN Door

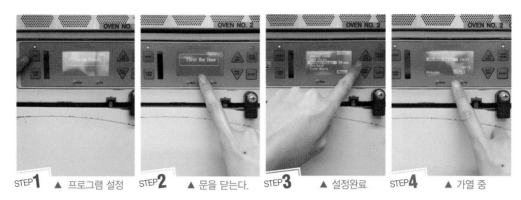

STEP **1** ▲ 프로그램 설정　STEP **2** ▲ 문을 닫는다.　STEP **3** ▲ 설정완료　STEP **4** ▲ 가열 중

▲ A380 GALLEY에만 있는 독특한 장치2
(승객 탑승/하기 시 갤리용품 보호
장치막)

▲ A380 HOT PLATE

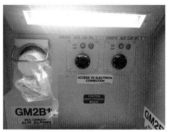

▲ HOT PLATE CONTROL SWITCH

06. 화장실 구조(LAVATORY) ✈

화장실 시설

A380 항공기는 최근에 제작되어 화장실도 여타 기종보다 초 현대식으로 제작되었으며 사용하기 매우 편리하도록 설계되어 있다. 화장실 설비와 사용 시 주의점은 다음을 참조하도록 하자.

▲ A380 화장실

▲ 비즈니스 LAV

▲ 화장실 세팅모습

▲ 화장실 사용표지　　▲ 화장실 흡연 경고문　　▲ 옷걸이　　▲ 산소마스크장치　▲ Smoke Detector

화장실 주의점

- 최신형 항공기답게 A380 화장실도 승객이 이용하기 쉽고 편하도록 설계되어 있다. 다만, 항공기 좌석배치상 L1 Door 후방에 위치한 화장실은 지상에서 사용할 경우 반드시 화장실 내 Window Shade을 내려야 한다. 이유는 항공기에 접근된 브리지에서 화장실 내부를 훤히 들여다 볼 수 있기 때문이다. 비행 중 탁트인 창공을 바라보며 용변을 해결하는 멋도 있지만 지상에선 금물이다. 비행근무 시 잊지말아야 한다.

- 화장실에 있을 때 객실의 감압현상이 나타난다면 뛰쳐 나갈 생각하지 말고 화장실 천장에서 내려오는 산소마스크를 쓰고 안전고도로 하강할 때까지 그대로 있는 것이 좋다. 왜냐하면 항공기의 하강속도, 하강각도가 생각한 것보다 상당히 커서 자리로 돌아가는 것이 불가능하기 때문이다.

- A380의 모든 화장실 수도꼭지에는 감지형 센서가 부착되어 있어 손을 대면 물이 자동으로 나오게끔 설계되어 있다. 따라서 물이 안나온다고 수도꼭지를 무리하게 치거나 만지면 오히려 기기의 손상을 초래하니 여유를 가지고 손을 대도록 하자.

07. A380-800 객실승무원 탑승근무 시 유의사항

보유항공사　　● 대한항공　　● 아시아나항공

Service 측면

- 항공기 중간 Zone에 설치되어 있는 Roll Screen(갤리보호커튼)은 승객 탑승·하기 시 내려져 있어야 하니 반드시 재확인한다. 이러한 장치는 A380 항공기에만 설치되어 있어서 대부분의 객실승무원들이 깜박 잊는 경우가 많다.

- 일등석에는 최신형 좌석이 12개 설치되어 있으며 승객이 많으면 화장실 1개로는 충분치 않은 경우가 많다. 조종실 바로 뒤에 화장실이 추가로 설치되어 있으니 일등석 예약 승객이 좌석수의 반 이상을 초과할 경우 운항 브리핑시 운항승무원과 협의하여 일등석 승객이 화장실을 사용하기 위해 지나치게 오래 기다리지 않도록 조종사용 화장실을 함께 사용할 수 있게끔 협의하는 것이 좋다.

- 항공기 제일 앞쪽 L1 도어 근처 화장실은 지상에서 이용 시 각별한 주의를 필요로 한다. 왜냐하면 화장실에 설치되어 있는 외벽 창문을 통해 지상 근무자들이 화장실을 이용하는 승무원의 행동을 볼 수 있기 때문에 반드시 창문커튼을 내리고 이용하도록 하자.

- A380 비행기의 갤리는 구조적 특성상 모든 Galley가 전·후로 승객좌석과 붙어있는 경우가 많다. 따라서 갤리 작업 시, 승무원끼리 대화할 때 소음발생에 상당히 유의해야 하며 오해의 소지가 있으니 승객에 관한 정보를 교환할 때는 각별히 조심하도록 해야 한다.

- 항공기 특성상 물을 끓일 수 있는 Hot Cup 장치가 설치되지 않은 비행기가 상당수 존재하므로 승객 서비스 시 유의한다. 참고로 일등석 승객의 라면은 전자레인지, 비즈니스/일반석 승객의 라면은 뜨거운 물을 부어서 서비스하도록 되어 있다.

- 에어버스 비행기에 설치되어 있는 Inter Lock Switch에 유의해서 사용해야 한다. (Inter Lock Switch-갤리 내 오븐과 뜨거운 물 가열장치를 선택할 수 있는 스위치로 각 역할에 맞도록 설정해야 한다)

- 2층 Upper Deck에는 해당 클래스 승객 탑승과 하기 시 별도의 탑승·하기용 브리지를 접안하므로 2층 승객에게 사전 고지하여 Main Deck으로 내려올 필요 없이 편리하게 이용할 수 있도록 한다.

- Galley에 설치되어 있는 Oven은 기존 항공기와는 달리 최신형 Atlas Type Oven이므로 사전에 작동시켜보아 작동법을 숙지해야 내용물을 잘 데울 수 있으니 유의하자.
- Upper Deck 갤리가 객실승무원 근무인원에 비해 비교적 좁게 설계되어 있다. 따라서 갤리 작업 시 서로에게 불편을 주지 않도록 노력하여야 하며 앞뒤 객실승무원 각각에게 부여된 마지막 좌석의 서비스 완료 상태를 반드시 점검하여 중복서비스나 서비스 Skip이 일어나지 않도록 해야 한다.

Safety 측면

- Escape Slide Arming Lever가 상당히 빡빡하니 작동 시 두 손으로 정확히 맞는 위치에 놓고 반드시 Left/Right Side 객실승무원의 확인이 필요하다.
- 이착륙 시 조종실에 객실준비완료를 뜻하는 Cabin Ready Sign을 보내야 하는 것도 잊지 않도록 한다.
- 최신형 기종으로 여러 가지 복잡한 장치가 있을 수 있으니 모든 장비나 장치는 적절한 교육을 받은 후 작동해야 한다.
- 비행기 내 설치된 최신형 엘리베이터 작동법을 숙지해야 하며, 특히 앞쪽과 뒤쪽에 설치된 계단을 이용해 내려올 때 각별한 주의가 필요하다.
- 객실승무원의 휴식공간인 Crew Rest Bunk 출입 시 비밀번호를 잊지 않도록 하며 Bunk에서 탈출할 때 이용하는 비상탈출구의 위치를 반드시 기억하도록 해야 한다.
- 객실의 모든 Door는 전기식으로 작동되니 작동 시 서두르지 않고 침착한 여유와 함께 작동하며 Escape Slide의 팽창핸들이 Door 근처부근에 장착되어 있으니 위치를 사전 파악하도록 한다. (우리 객실승무원은 너무 급하죠?)
- L4, R4 도어 근방에 일반석을 주관하는 대형 갤리가 설치되어 있어 편리한 점이 있으나, 갤리 앞쪽 Meal Cart Compartment에 Meal Cart를 넣을 때 반드시 카트의 문을 닫고 넣어야 한다. 카트수납장소 후방 갤리에 물

을 공급하는 파이프가 지나가고 있는바, 문을 닫지 않고 카트를 세게 밀어 넣으면 열린 문짝이 파이프를 손상시켜 물이 새어나오는 경우가 있으니 반드시 카트의 문을 잘 잠그고 살짝 밀어 넣도록 해야 한다.

- 항공기 최후방에 면세품 전시대 및 판매공간이 설치되어 있는바, 여기서 사용하는 전기장치가 상당히 많아 과열의 가능성이 있다. 따라서 근무 승무원은 항상 이 점을 유의하고 사용하도록 해야 한다.

- 항공기 전방, 후방에 설치되어 있는 Upper Deck으로 통하는 계단에서 비행 중, 비행 후 이층에서 물건이 굴러 떨어져 Main Deck의 구조물을 손상시킬 수 있는 우려가 있다. 따라서 이층에 근무하는 객실승무원은 이착륙 시 시건장치에 각별히 유념하자.

- 항공기 전방, 후방에 설치되어 있는 Upper Deck으로 통하는 계단 상단에는 다른 클래스 승객이 올라오지 못하도록 Strap을 쳐놓는 경우가 많이 있는데 객실승무원이 통과하기 위해서는 구조물 끝에 설치된 시건장치를 풀고 이층으로 진입해야 한다. 하지만 이 동작이 귀찮아서 다리를 높이 들고 넘어가는 사례가 많고 그 와중에 한쪽 다리가 걸려 넘어지는 객실승무원을 수도 없이 많이 보아왔다. 큰 부상의 위험이 있으니 시간이 좀 걸리고 귀찮더라도 반드시 시건장치를 풀고 안전하게 지나가도록 하자.

쉬어가기 항공상식

★ A380기에 '풍차'가 붙어 있다??

2001년 8월 23일 오후 8시 52분, 캐나다의 에어트랜젯항공(TS : Air Transat) 236편 (A330-300)이 승객 293명과 승무원 13명 등 306명을 싣고 토론토·피어슨국제공항을 이륙해 포르투갈 리스본국제공항으로 향했다.

대서양 상공을 날던 중 연료누설로 인해 오전 5시 33분, 좌우 연료탱크 내의 잔여 연료의 언밸런스를 나타내는 경보기가 작동하면서 연료가 급속히 줄기 시작했다. 조종사는 결국 이대로는 리스본까지 가는 것은 불가능한 것으로 판단하고 인근 아조레스(Azores) 제도에 있는 라제스(Lajes) 공군기지에 비상착륙하기로 했다. 그러나 상황이 급해졌다. 라제스 공군기지까지 약 150해리(약 280km) 지점에서 제2(우)엔진이 플레임아웃(flameout=정지)됐고 이어서 13분 후 제1(좌)엔진마저 멈추면서 글라이더처럼 활공상태가 되고 말았다. 라제스공군기지까지 약 65해리(약 120km)를 남겨 놓은 지점으로 당시 고도는 34,500피트(10,515m)였다.

결국 거의 모든 전기계통·유압계통 기기들이 멈춰버렸고, 객실 내도 컴컴해졌다. 조종사는 급기야 최후의 수단으로 비상용 풍력발전기 RAT(Ram Air Turbine)를 돌렸다. 그리하여 무선교신에 필요한 최소한의 전력과 조종계통에 필수적인 유압장치를 작동시키기 위한 동력을 확보했다.

항공기의 각종 전자장치나 전기관련 장치를 작동시키기 위해서는 별도의 전기가 필요하다. 그리고 그 전기는 엔진의 추력을 이용하여 별도의 발전기를 돌려서 얻는다. 그러니까 전기가 없으면 아무 것도 움직일 수 없다는 것이다. 또 보조동력원(APU)이 있긴 하지만 이 역시 연료가 없으면 움직이지 못한다.

사고항공기는 라제스 공군기지 상공에서 S자 활공을 수차례 되풀이하면서 고양력장치인 전연슬랫(slat)을 펼치고 앞뒤 바퀴를 내려서 가까스로 비상착륙에 성공했다. 그러나 접지하는 과정

▲ 에미리트항공(EK:Emirates) A380기에 장착되어 있는 바람개비 모양의 RAT

에서 동체가 크게 튀어 올랐고 10,000피트(3.048m) 활주로의 7,600피트(2,316m) 지점에서 겨우 멈춰섰다. 엔진이 가동되지 않았기 때문에 역추력장치(Thrust Reverser)를 사용하지 못했고, 당연히 브레이크의 미끄럼방지(anti skid) 기능이 상실된 상태에서 급브레이크 조작으로 겨우 정지했다. 타이어 10개 중 8개가 망가졌다. 메인기어 왼쪽 부근에 화재가 발생했지만 대기하고 있던 소방대가 곧 불길을 잡았다. 긴급탈출하는 과정에서 승객 2명이 중상을 입었고 16명이 경상을 입었다.

비상용 풍력발전기 RAT는 1차 동력원(엔진) 및 2차 동력원(APU 등)이 작동을 멈췄을 때 항공기 조종을 위한 최소한의 동력(조종계통 및 관련 유압계통) 및 전력(계량기류 등)을 얻기 위해 초비상용으로 장착된 소형 프로펠러다. 평소에는 동체 또는 날개 안에 격납되어 있으며 비상시에 뚜껑이 열리면서 밖으로 나온다. 바람개비 또는 선풍기 모양으로 1960년대부터 대부분의 여객기에 장착하기 시작했다. 물론 최신형 A380기에도 붙어 있다. 일반적으로는 2~4엽(葉)짜리 프로펠러로 직경이 80cm 정도지만 최신형 에어버스 A380에서는 1.63m나 된다. 대형 여객기용이 5~70kW로 70kW짜리는 물론 A380에 장착돼 있다. 저속용 소형 RAT는 출력 400W짜리도 있다. 그러나 RAT는 항공기의 속도가 느려질수록 날개의 돌아가는 속도도 느려져 전력이 계속 부족할 수밖에 없다. 그래서 최신 항공기에는 별도 장치를 통해 고온/고압의 가스를 발생시킨 다음, 이 가스를 배출시키면서 발생하는 힘으로 발전기를 돌리는 방법을 사용하기도 한다.

Reference

참고문헌 및 자료출처

Airbus 320/330 vs Boeing 777 Best Plane

Boeing 737 Next Generation

Boeing 737 Technical Site, Boeing 777 Technical Site,
    Boeing 747 Technical Site

Bombardier Phase 3 Passenger Door Training

Docs From 32 years Flight in Korean air

Knowledges From 32 years Flight in Korean air

Naver/Daum/Goggle Korea 내 항공기 소개/사진/블로그

Pictures From 32 years Flight in Korean air

www.airbus.com(에어버스사 홈페이지 for A320/330/380)

www.boeing.com(보잉항공사 홈페이지 for B737/777/747)

www.bombardier.com(봄바디어 항공사 홈페이지 for CRJ-200/1000)

www.tsa.gov 미국교통안전청(Transpotation Security Administration)
    홈페이지

검색엔진 내 대한항공 견학 블로그

국토교통부 국토교통뉴스(www.news.airport.co.kr)

대한 심폐소생협회(www.kacpr.org)

대한항공 객실승무원 교범

대한항공 객실승무원 서비스 교범

대한항공 객실승무원 업무/서비스 교범

대한항공 사무장/승무원 방송문 및 부록

대한항공 홈페이지

대한항공/아시아나/제주항공/진에어/이스타항공/Tway/유스카이
    항공 홈페이지

아시아나항공 홈페이지

위키백과/위키 pedia /You tube 내 항공기 소개

인천국제공항 홈페이지(www.airport.kr)

한수성의 영종 블로그(대한항공 Kalman Site 내)

항공정보 포털 시스템(Air Portal)

저자 소개

최성수

대한항공 승무원 입사/ 대한항공 하늘천사 단장/ 대한항공 승우회 회장

남북 최고위급회담 평양전세기 탑승근무(평양 2일 주재)

대한항공 객실승무본부 상무대우 수석사무장(31년 10개월 비행근무)

대림대학 항공서비스과 전임교수/ 한국교육학회 세종도서 교양부문 도서 심사위원

현) 항공서비스 연구회 이사/ 한국몽골경상학회 이사/ 한국항공보안협회 정회원

　NCS 기반자격 항공객실서비스 교육, 훈련 프로그램 개발, 검토위원

　서울호서 직업전문학교 항공서비스과, 항공경영과 전임교수/ 서울호서 직업전문학교 항공학부 학부장

　사단법인 한국항공객실안전협회 협회장

수상경력

　국무총리상(항공교통부문)/ 보건복지부 장관상(사회봉사부문)

　장시간 비행시간 돌파상(비행시간부문, 33,000시간, 지구 710바퀴)

　대한항공 특별공로표창/ 대한항공 특별유공표창

저서

　항공기 객실구조 및 비행안전/ 기내 식음료 서비스실무/ New 항공객실 업무론/ NCS 기내 안전관리

　NCS 승객 탑승 전 준비 & 승객 탑승 및 이륙 전 서비스/ NCS 비행 중 서비스

　NCS 착륙 전 서비스 & 착륙 후 서비스/ NCS 승객 하기 후 관리/ NCS 응급환자 대처

　NCS 객실승무 관리/ NCS 항공 기내방송 업무

　국내최초 전국 150만 고등학생 및 예비 항공인을 위한 "항공·관광분야 진로, 직업 알아보기"

항공기 객실구조개론

초판 인쇄　2018년 6월 20일
초판 발행　2018년 6월 25일

저　　자　최성수
펴　낸　이　임순재
펴　낸　곳　(주)한올출판사
등　　록　제11-403호
주　　소　서울시 마포구 모래내로 83(성산동, 한올빌딩)
전　　화　(02)376-4298(대표)
팩　　스　(02)302-8073
홈 페 이 지　www.hanol.co.kr
e - 메 일　hanol@hanol.co.kr
ISBN 979-11-5685-704-4